Renato Curcio

A VISO APERTO

Intervista di
Mario Scialoja

ARNOLDO MONDADORI EDITORE

ISBN 88-04-36703-2

© *1993 Arnoldo Mondadori Editore S.p.A.,Milano*
I edizione marzo 1993

Indice

VII *Introduzione*

3 I La prima brigata
13 II I monti di Torre Pellice
23 III Fuoco di Russia allo Zanzibar
27 IV Trento come Berkeley
41 V La sposa di San Romedio
47 VI La svolta di Pecorile
55 VII Lo zainetto di Feltrinelli
63 VIII La lotta è armata
77 IX Ai cancelli di Mirafiori
85 X Calabresi sarai suicidato
89 XI Il cuore dello Stato
99 XII La trappola annunciata
107 XIII L'evasione a mano armata
111 XIV Le bande dell'hinterland
117 XV La cascina Spiotta
129 XVI Far West a via Maderno
137 XVII I fantasmi del Grande Vecchio
149 XVIII Salvate Aldo Moro
163 XIX L'inizio della fine
175 XX La battaglia dell'Asinara

187 XXI La rottura
197 XXII Il nuovo corso
205 XXIII Senza abiura
221 XXIV I desideri

225 *Indice dei nomi*

Introduzione

Questa lunga intervista, selezionando alcuni eventi della mia esistenza e la memoria attuale che ne ho, presenta una certa versione di me stesso: quella che è venuta fuori durante numerose chiacchierate in una disadorna stanzetta di Rebibbia.

Assai probabilmente, all'ombra di un grande faggio, i ricordi non sarebbero stati gli stessi. D'altra parte, tracciando arbitrarie differenze nel flusso degli eventi, essi si tradiscono da soli poiché si servono, per raccontarsi, del linguaggio volubile del mito: il mito di sé e della propria vita.

Chiedo perciò al lettore di apprezzare lo splendore del mutamento, di attraversare queste pagine con animo leggero, senza lasciarsi ingannare da quelle ombre di «definitivo» che le parole, anche se di un solo fiato, in qualche modo trascinano con sé.

Ho accettato la sollecitazione di Mario Scialoja per due ragioni. La prima: aprirmi alle molte domande che da più parti mi vengono poste. In quanto figura pubblica credo che questo sia un dovuto al quale sarebbe ingeneroso sottrarmi. E poi – questa è la seconda – perché in tanti anni di vita esposta nella vetrina dei giornali ho avuto modo di apprezzare in prima persona e molte volte le qualità professionali e la sensibilità umana dell'intervistatore.

Un'ultima cosa. Se con le mie parole ho urtato la suscettibilità di qualcuno, chiedo scusa. Non l'ho fatto di proposito e del resto non apprezzo la moda imperante

dell'insulto, dell'insinuazione e della denigrazione.

Dopotutto, anche chi è stato fino ad oggi avversario leale delle mie scelte o, di esse, nemico senza scrupoli, ha contribuito a levigare la mia esperienza della vita fino a scolpirmi «come una palla in un torrente montano». Di questo, almeno, voglio essergli grato, come sono grato al lettore per il dono gentile della sua attenzione.

Renato Curcio

La prima intervista di Renato Curcio fu quella che mi diede nel lontano gennaio 1975, quando si trovava nel carcere di Casale Monferrato. Gli feci arrivare le domande scritte tramite il suo avvocato, Edoardo di Giovanni, che, qualche giorno dopo, mi consegnò le risposte battute a macchina. In quell'occasione il leader delle Brigate rosse, allora nel pieno delle sue funzioni, usò esclusivamente lo schematico e astruso gergo del più rigido marxismo-leninismo e non accettò di rispondere a nessuna domanda che avesse carattere personale.

Passarono dodici anni. Nel gennaio 1987 incontrai Curcio, per la prima volta, nel carcere di Rebibbia. Il colloquio durò più di tre ore.

Lui, con quell'intervista registrata, ruppe il suo lungo silenzio di carcerato: definì la sua posizione di «non pentito, non dissociato e non irriducibile», e lanciò il suo appello per la «campagna di libertà» in favore di tutti i detenuti e gli esuli politici. Io scoprii un uomo benevolo, dotato di uno spessore umano e di una dignità tranquilla che non potevano passare inosservati. E apprezzai il suo modo diretto e chiaro di raccontare e di spiegare, attraverso un linguaggio attentamente ragionato, ma anche pieno di calore e vitalità.

Da quel momento mi convinsi che la narrazione a viva voce della vita e dei percorsi dell'uomo-simbolo della lotta armata avrebbe potuto essere un documento rile-

vante e una testimonianza non superficiale. Proposi a Curcio il progetto di un libro-intervista, ma lui mi rispose che per mettere a nudo la propria esistenza, o anche solo delle parti di essa, preferiva aspettare di poter «parlare da libero», fuori dai condizionamenti della reclusione.

Negli anni che seguirono, in occasione di successive interviste, tornai a insistere. Fino alla primavera del '92, quando il fondatore delle Br si convinse che il momento di narrare la sua storia era venuto. Una storia che è disponibile ad analizzare e criticare, ma non a rinnegare.

Nel mio ruolo di cronista, impegnato a scavare nella memoria e nella ragione dell'intervistato, mi sono posto anche l'obbiettivo di riuscire a sollecitare il protagonista Curcio a presentare un quadro d'insieme chiaro e «utile» soprattutto ai più giovani che poco e male conoscono quelle che sono state le drammatiche vicende dei nostri anni '70.

Questo libro è il frutto di una quindicina di colloqui e di circa trentacinque ore di registrazione effettuati al tavolo di una «saletta avvocati» di Rebibbia.

Come è buona regola nel giornalismo, avevo cominciato a scrivere il testo dando del «lei» al mio interlocutore. Ma, con l'andare del tempo e con l'approfondirsi del mio rapporto con Curcio, questa formula mi è apparsa fastidiosamente artificiosa. E sono passato al «tu».

Non voglio dimenticare di ringraziare la Direzione generale delle carceri per i permessi accordati e in particolare gli agenti di custodia del carcere di Rebibbia per la cortesia che mi hanno dimostrata.

Mario Scialoja

A viso aperto

I
La prima brigata

Perché le avete chiamate Brigate rosse?

L'idea ci venne durante una traversata di Milano in macchina. Era un pomeriggio ancora tiepido del settembre 1970: stipati in una sgangherata Fiat 850, Margherita ed io stavamo tornando a casa in compagnia di un operaio della Pirelli e di un altro compagno, futuro brigatista, di cui non faccio il nome perché non è mai stato inquisito. L'aria in giro non era più frizzante come quella dell'anno precedente. Dopo la strage di piazza Fontana ci pesava intorno un'atmosfera cupa e preoccupata. Discutevamo degli argomenti che in quei giorni premevano: la crisi dell'organizzazione Sinistra proletaria e la necessità di modificare la nostra presenza nelle lotte operaie delle fabbriche milanesi. Sino a quel momento avevamo agito a volto scoperto, eravamo stati fotografati, filmati, alcuni operai erano già stati licenziati. Non si poteva più andare avanti così. Infatti, la scelta di seppellire l'esperienza compiuta con Sinistra proletaria si poteva dire già presa. Ma il problema era: che fare dopo? E come?

In macchina parlavamo di tutto questo. Io raccontavo dei Tupamaros in Uruguay, della loro guerriglia che non si combatteva più solo nelle campagne, ma si organizzava nelle città. Potevamo provare a prenderli ad esempio, dicevo.

Stavamo per arrivare a piazzale Loreto, quando l'operaio della Bicocca sintetizzò a modo suo i nostri discorsi: «Quest'anno non ci possiamo più far fregare dal Pellegri-

ni. Quello lì il vizio di stare dietro i cassoni a scattare fotografie non se lo toglie...». Pellegrini era un sorvegliante della Pirelli e faceva il suo lavoro, cioè lo spione: cortei interni, picchetti, piccoli raduni, lui fotografava tutto.

«Perché non gli bruciamo la macchina?», ribatté l'altro amico. «Se lo affrontiamo a muso duro in fabbrica qualcuno ci perde il posto, ma invece gli inceneriamo l'auto e facciamo girare un volantino in cui gli diciamo: ci hai rotto, siamo stufi delle tue spiate, fottiti». Nei mesi precedenti i discorsi sulla necessità di passare all'azione si erano sprecati, ma qualcosa mi diceva che proprio lì, in quell'automobilina sferragliante, una decisione stava per essere presa...

Ma come avete deciso la sigla?

Ci stiamo arrivando. Bruciare la macchina, si poteva fare. Il volantino minaccioso anche. Ma con quale firma? L'ipotesi dell'anonimato venne subito scartata. Sarà solo un'automobile e per di più scassata, ci dicemmo, ma se vogliamo imbarcarci in un'azione di questo tipo, su rotte nuove e sconosciute, lo dobbiamo fare per bene, dobbiamo dire chi è stato...

«E diciamolo, infatti», se ne esce ancora l'operaio Pirelli, «basta un bel nome, facile, immediato, che sia anche un programma».

Intanto stavamo entrando in piazzale Loreto. Mi venne in mente che qualche ora prima, sul tavolo della redazione di «Sinistra proletaria», un compagno mi aveva lasciato una foto inedita del '45: Mussolini e Claretta Petacci appesi a testa in giù; un'immagine dura. Indicando con la mano dico: «È proprio lì che le brigate partigiane hanno esposto i cadaveri alla gogna». Guardarono. Ci fu un silenzio. Poi l'operaio riprese la parola: «Ecco, una buona idea: potremmo firmare il volantino Brigate... Brigate qualcosa». Brigate come?

«Brigate proletarie», propone qualcuno. No, non va bene, è troppo limitativo. «Brigate Pisacane», dice Margheri-

ta ridendo come una matta: stava ripensando al convegno di Sinistra proletaria a Pecorile quando era stato proposto di intestare a Pisacane un «gruppo di pronto intervento» del nostro servizio d'ordine. E anche a Pecorile ridemmo perché, commentando la proposta, non avevamo potuto fare a meno di osservare che il povero Pisacane era finito infilzato dai forconi dei contadini che intendeva liberare. No, Pisacane non poteva andare, non sarebbe stato di buon augurio.

Brigate come? L'aggettivo qualificativo arrivò mentre percorrevamo via Padova. Stavamo transitando nei pressi di una storica sezione del Pci quando il compagno alla guida interruppe le nostre divagazioni: «Vedete, quella sezione nel dopoguerra era una roccaforte della Volante rossa, c'era anche mio padre...».

«Volante rossa della Pirelli, allora», esclamò l'operaio che non perdeva occasione di lanciare proposte di sigle. No, rispondemmo, la Volante rossa è qualcosa che fa parte del passato, non possiamo riprendere un nome già usato.

A quel punto Margherita se ne uscì con un'osservazione: «Secondo me la prima azione di guerriglia urbana in Europa è stata la liberazione di Andreas Baader compiuta dai compagni della Raf, la Frazione armata rossa: "Armata", mi sembra esagerato nel nostro caso, ma Brigata rossa mi piace. Brigata rossa, che ne dite?».

A me suonò subito bene. Agli altri pure. Così si decise. Le nostre prime azioni alla Pirelli vennero rivendicate da volantini siglati «Brigata rossa», al singolare. In quei giorni d'autunno eravamo ancora un piccolo gruppetto. Ne avevamo coscienza.

E la stella a cinque punte nel cerchio?

È la stella sghimbescia dei Tupamaros. Stabilimmo di adottarla per completare il quadro dei nostri riferimenti internazionali. Si prendeva una moneta da cento lire per tracciare il cerchio e poi dentro si disegnava con una squadretta la stella. Però, a differenza di quanto si può

credere, è sempre stato un problema farla bene. Ricordo che una volta Mario Moretti, mi sembra in occasione di una nostra azione alla Sit-Siemens nel '72, si confuse e la fece a sei punte. Così, quando venne diffuso il volantino con quella stella sbagliata, tutti i giornali parlarono di «provocazione», di «intervento dei servizi segreti» e varie altre amenità.

Dunque la nascita della sigla Brigate rosse coincide con il momento in cui decidete di passare all'azione compiendo i primi attentati contro le macchine dei sorveglianti della Pirelli: ci fu un momento di discussione più ampia per approvare questa scelta?

Ne parlammo con moltissima gente. Ricordo una riunione in una delle sedi di Sinistra proletaria a Milano in cui c'erano almeno centocinquanta persone. Assieme a Margherita e Alberto Franceschini proposi di chiudere l'esperienza fatta con quell'organizzazione per continuare l'attività in altri modi, passando a delle azioni che chiamavamo «di propaganda armata».

Dopo la strage di piazza Fontana si era creato un clima pesante, di scontro violento. Sostenemmo che era ormai impossibile andare avanti usando i nostri vecchi strumenti organizzativi e agendo allo scoperto. Naturalmente cercavamo di non discutere di queste cose troppo pubblicamente, ma era necessario capire quanti compagni potevano essere interessati ad avviare il nuovo corso.

Allora cosa avete fatto?

Abbiamo detto: «Chi è interessato a fare una discussione di questo tipo alzi la mano». E di mani se ne sono alzate un centinaio. Il che, francamente, ci sembrò un po' eccessivo per cominciare a dar vita a un'organizzazione illegale. Comunque il problema venne presto risolto perché, nell'arco di poche settimane, gli entusiasti si assottigliarono moltissimo. Tanto che ci ritrovammo in una quindicina.

Come mai questo fuggi fuggi?

Per verificare la reale disponibilità dei compagni a una nuova forma di organizzazione gli proponemmo una prova: la partecipazione a un «esproprio proletario», cioè una rapina. E naturalmente, a quel punto, molti cominciarono ad accampare varie scuse.

Quale tipo di scuse?

In realtà non si trattava soltanto di pretesti per coprire i propri timori. C'erano anche delle motivazioni ragionate. «Non siamo in una situazione da America Latina», c'era chi osservava, «noi siamo dei militanti politici e qui, se ci prendono, andiamo a finire in galera come dei banditi».

A te queste obiezioni non apparvero in qualche modo ragionevoli?

Il timore era senz'altro fondato. Anche a me la prospettiva di andare in prigione come un qualsiasi rapinatore non attraeva. D'altra parte era indispensabile trovare dei quattrini per creare le prime strutture organizzative. Noi sapevamo bene di non essere dei banditi e ritenevamo di muoverci sia nella tradizione rivoluzionaria marxista-leninista più classica, sia nella nuova prospettiva di guerriglia urbana praticata dai gruppi latino-americani e anche dai Black Panthers nelle grandi città del Nord America. Comunque non avevamo altra scelta, era un rischio da correre.

A quel punto avete sottoposto all'approvazione degli altri la sigla Brigata rossa?

Sì, in primo luogo agli operai Pirelli, e venne subito accettata. Anche perché qualcuno ricordò che nel nostro movimento avevamo già un simpatico gruppo che si fregiava del colore rivoluzionario, le «zie rosse».

E chi erano queste «zie rosse»?

Un gruppo di ragazze abbastanza scatenate che parte-

cipavano in prima linea al servizio d'ordine di Sinistra proletaria.

Subito dopo la strage di piazza Fontana a Milano cominciarono a moltiplicarsi le manifestazioni che sfociavano quasi sempre in scontri duri. Tutti i gruppi extraparlamentari che scendevano in piazza – da Lotta continua a Potere operaio – crearono un loro servizio d'ordine più o meno agguerrito. Il nostro era caratterizzato da una massiccia presenza di guerrigliere che i compagni, ironici, soprannominarono «zie rosse».

Allora, uscito dalla costola di Sinistra proletaria, uno sparuto gruppetto si ritrova a dar vita alla Brigata rossa, che presto si trasformerà nelle Brigate rosse...

In sintesi è così. C'è stato però un periodo di transizione in cui le vecchie attività si accavallavano con le nuove iniziative. Mentre compivamo le prime azioni contro i capetti della Pirelli, io continuavo a muovermi nell'area dei collettivi di Sinistra proletaria. Proseguivamo gli interventi nelle scuole serali per i lavoratori e rimanevamo attivi nelle occupazioni di case dei quartieri popolari, soprattutto al Lorenteggio, Quarto Oggiaro e Mac Mahon.

Nell'ottobre '70 feci uscire l'ultimo numero della rivista «Sinistra proletaria», ma i nostri «fogli di lotta» continuarono ad essere diffusi fino al febbraio '71, quando il primo ciclo di attentati Br era già in atto. Poi, nella primavera di quell'anno, pubblicammo due numeri di un altro giornale che segnò il passaggio al nuovo corso: «Nuova Resistenza». L'idea era quella di documentare le prime azioni armate in Europa dando spazio al dibattito che si andava creando attorno a queste iniziative. Tra l'altro, pubblicammo una nostra intervista ai compagni della Raf, un documento inedito dei Tupamaros, i testi delle trasmissioni radio pirata dei Gap di Feltrinelli, i nostri primi volantini della Brigata rossa e delle successive Brigate rosse.

Nelle vostre intenzioni di allora cosa doveva essere una Brigata rossa?

La Brigata inizialmente era il nucleo elementare di un progetto organizzativo in cerca di definizione: nessuno di noi aveva ben chiaro cosa dovesse essere e, del resto, non cercammo neppure di far sembrare che ci fosse chiaro. Di fatto, il primo gruppo che ha dato vita alle Brigate rosse comprendeva una dozzina di persone: Margherita, Franceschini, io, Pierino Morlacchi, che era uno dei protagonisti della vita di quartiere del Lorenteggio, e alcuni operai Pirelli, tra cui Maurizio Ferrari.

Malgrado questa vaghezza ideologico-organizzativa siete partiti con la vostra prima azione: quale fu?

Il progetto di «esproprio proletario» con cui dovevamo mettere alla prova i compagni venne abbandonato. Invece riprendemmo l'idea iniziale: fottere il Pellegrini. Cioè bruciargli l'auto. Lo avevamo seguito all'uscita della fabbrica sino alla sua abitazione: posteggiava sempre la macchina sotto casa. Ci preparammo. Un ex partigiano, amico di Feltrinelli, ci aveva insegnato a costruire una specie di molotov a tempo: una tanichetta piena di benzina, un preservativo con dentro dell'acido solforico che lo corrodeva piano piano e poi entrava in contatto con una miscela di zucchero e potassio incendiando la benzina. Se si voleva far durare più a lungo il tempo dell'innesco bastava usare un preservativo più spesso o due preservativi accoppiati.

Dunque, una notte il nostro piccolo commando si avvicinò alla vecchia e sgangherata auto di Pellegrini e Margherita piazzò la tanichetta. Io facevo da palo. Cuore in gola per qualche minuto perché il preservativo resistette più del previsto. Poi la fiammata. A ripensarci oggi fu un'azione divertente e grottesca. Noi eravamo dei principianti inesperti, assolutamente goffi. Con quel gesto comunque si può dire che presero vita le Brigate rosse.

L'azione venne rivendicata?

Sì, e fu il nostro primo volantino dedicato alla firma di un attentato. Venne distribuito alla Pirelli e in fabbrica cominciarono a parlare molto di noi. Insomma, fu un gran successo che ci spinse a continuare su quella strada. Tra l'inverno '70 e la primavera '71 compimmo decine di azioni di quel tipo, tra cui quella un po' più elaborata dei pneumatici bruciati sulla pista prove di Lainate.

I volantini li scrivevi tu?

In genere sì. Ero quello che redigeva il testo. Lo facevo dopo aver lungamente ascoltato il parere degli operai e dei compagni che erano stati direttamente coinvolti nella vicenda. Il mio disegno era quello di rilanciare gli slogan raccolti in fabbrica aggiungendovi le nostre analisi. Guardate, scrivevo, dobbiamo cominciare a pensare in modo nuovo le lotte operaie: proponiamo un'organizzazione meno aperta e più guerrigliera del potere operaio.

Ne veniva fuori una scrittura povera che voleva essere efficace. Spesso siamo stati criticati per quel linguaggio. «Quanto siete rozzi!», ci hanno detto in tanti. Ma io mentre scrivevo avevo sempre in mente una chiacchierata fatta con un esponente dei Black Panthers in esilio ad Algeri, il quale, ridacchiando, ci aveva mosso una critica severa: «Quando parlate di ciò che avviene nei quartieri e nelle fabbriche siete così preoccupati di riportare tutto nei vostri schemi ideologici che non vi accorgete di quanto diventate incomprensibili...». Meglio essere rozzi che incomprensibili, allora mi dicevo.

Purtroppo, spesso, riuscimmo ad essere insieme rozzi e incomprensibili.

Tu partecipavi sempre anche agli attentati?

Su questo argomento ci furono lunghe discussioni. Alcuni compagni erano dell'avviso che dovevo essere tenuto fuori dalle azioni a rischio perché servivo per redigere i giornali, i fogli di lotta, i volantini. In più io tenevo rap-

porti con molta gente diversa: operai, sindacalisti, proletari dei quartieri popolari milanesi, vari orfani del '68 che avevano sciamato un po' dappertutto. Una mia eventuale cattura, si pensava, poteva nuocere a molti.

D'altra parte, personalmente, premevo per partecipare e, poco a poco, si affermò la tesi che non bisognasse disgiungere il braccio dalla mente. Non ci sembrava una cosa giusta, tanto più che criticavamo quei gruppi come Potere operaio e Lotta continua che avevano i loro «bracci armati» separati dalle organizzazioni politiche.

Così, all'inizio, sono stato un po' in disparte, ma presto ho cominciato a partecipare agli attentati come gli altri. Comunque in quel periodo non avevamo problemi di «mano d'opera» perché quando si trattava di compiere un'azione punitiva contro un capetto di fabbrica c'erano decine di nostri compagni operai che chiedevano di partecipare.

Come venivano diffusi i vostri volantini?

In fabbrica, nei modi più semplici: distribuiti a mano durante i cortei interni, lasciati sui tavoli degli uffici sindacali, negli spogliatoi, sulle linee di montaggio. Ogni tanto, per creare sorpresa, qualcuno inventava un nuovo metodo più o meno ingegnoso: come quello di infilarli nei tubi della posta pneumatica facendoli arrivare direttamente sui tavoli degli impiegati e dei dirigenti.

Noi all'epoca non eravamo ancora dei clandestini. Nel movimento ci conoscevano tutti. E in fabbrica molti, compresi i sindacalisti del Pci e gli operai che aderivano alle altre formazioni extraparlamentari, sapevano chi eravamo e anche cosa facevamo. Partecipavamo a dibattiti pubblici. Abitavamo in appartamenti affittati col nostro vero nome. Insomma, agivamo quasi allo scoperto, senza molte cautele. Ma le Brigate rosse erano nate.

E così ti ritrovi ad essere fondatore, ideologo e leader del primo nucleo brigatista che opera essenzialmente alla Pirelli e alla Sit-

Siemens di Milano. A più di venti anni di distanza, ti è chiaro il percorso che ti ha portato a quel punto?

Quello che so è che non si è trattato di un itinerario lineare, ma di un susseguirsi di esperienze anche discontinue: a volte dovute semplicemente al caso o alla pressione di circostanze esterne. Prima di diventare brigatista, a trenta anni, avevo vissuto degli spezzoni di esistenza completamente diversi tra loro.

Ma per capire il mio percorso, forse la cosa più semplice è fare un lungo salto indietro. E cominciare dall'inizio.

Gxob ZZM
Gxob ZZM:
Luob PSG
Luob PSG
M 300 MXS
M 300 MXS
Guob MXG
Guob MXG
M207 MXV
M207 MXV

RK
JANEE
MG
MALE WOOG
MONS- CUOO
O ODDO
SEXUALITY DUUU
PERSON OU
(B166:00) K USE
B-(JBYJ) 7 SBEL G
DR D/ HIS G
RDY D/
SHEMUGUO M B/FOOT BV
COUCE
X

CW01617577

Frecce

II

I monti di Torre Pellice

Se vogliamo cominciare davvero dall'inizio, debbo chiederti della tua nascita e di tua madre, Jolanda Curcio, definita in tutte le schede biografiche «una ragazza madre di origini modeste».

Sono nato poco prima di mezzogiorno del 23 settembre 1941 a Monterotondo, vicino Roma. Mia madre aveva diciotto anni ed era venuta dalla Puglia a lavorare in città.

A Roma faceva la cameriera nella casa di un'anziana signora, dove ha conosciuto mio padre, Renato Zampa, che all'epoca era ufficiale dell'Esercito. La loro fu la storia breve e semplice tra un uomo e una giovane donna: sufficiente però per farmi venire al mondo. Ho saputo chi fosse mio padre quando ero già grande, verso i dodici-tredici anni, e quando lui , dopo la guerra, si era messo a lavorare nei settori amministrativi del cinema.

Naturalmente mia madre non aveva la possibilità di tenermi a Roma con lei. Così, a pochi mesi, mi ha portato a Torre Pellice, in Piemonte, un paesino di montagna che è la capitale dei Valdesi. Lì vivevano i suoi fratelli, Armando e Duilio, e una sorella, Nina, che lavorava come infermiera nel tubercolosario. Sono stato lasciato a balia in una famiglia del paese, i Paschetto, che mi ha cresciuto con affetto fino all'età di dieci anni.

Posso dire di aver avuto un'infanzia felice.

Sarebbe interessante capire se in questa infanzia si possono individuare i segni premonitori di un futuro ribelle e violento. Intanto, il giorno della tua nascita, mi dicono le esperte, segna il passaggio dalla costellazione della Vergine a quella della Bilancia e il tuo ascendente è collocato tra lo Scorpione e il Sagittario: come dire, una personalità sfaccettata che mischia intelligenza analitica, capacità di adattamento, fascino vagamente sulfureo accompagnato da un'innata vocazione al silenzio e al fare parte a sé, desiderio quasi zingaresco di indipendenza e di avventura. Ti riconosci in un simile quadro?

Debbo dire che delle assonanze ci sono. Ma senza addentrarmi in autoanalisi più complesse voglio solo notare che nessuna congiunzione astrale e tantomeno nessun dato reale del mio carattere indicano una propensione alla violenza. Caso mai il contrario: di fondo tendo ad una giovialità tranquilla, agli antipodi di qualsiasi mitologia guerriera.

In questi anni ho ricevuto in carcere numerosi miei oroscopi, spediti di solito da sconosciute signore appassionate della materia. Ma più che all'astrologia mi sono interessato all'analisi mitologico-simbolica della mia nascita e del mio nome. L'equinozio del 23 settembre veniva considerato sacro agli dei come giorno della «rinascita». Secondo antichi miti in quel giorno, a dispetto dei Titani che del suo corpo avevano fatto brandelli e della dea Era che li aveva sobillati, Dioniso rinacque. Se a questo si aggiunge che il nome Renato deriva ovviamente da «rinato», credo che i segni premonitori di una delle caratteristiche principali della mia vita ci siano...

Quale è questa caratteristica che ti autoattribuisci?

Una ripetuta capacità di ricominciare. La mia storia può essere letta come un susseguirsi di «rinascite» e di discontinuità: una caratteristica che considero positiva.

Sono spesso partito per fare una cosa e poi ne ho fatta un'altra. Gli incontri con le persone e le esperienze mi hanno portato quasi sempre sorprese e novità. Ed ho accettato la loro capacità di rimettere in discussione la mia vita attraverso salti di continuità radicali.

Se ad interrogarti ci fosse un freudiano ti chiederebbe del tuo complesso edipico, del legame con tua madre, e via di questo passo. Uno junghiano vorrebbe sapere dei tuoi miti infantili. Avresti qualcosa di interessante da confidargli?

Al freudiano potrei raccontare di un momento della mia infanzia, avevo circa sei anni, in cui sono stato sonnambulo. Nella casa di Torre Pellice mi alzavo in piena notte per andare a sedermi sul davanzale di una finestra che dava sulla strada. Una volta inciampai in una sedia, mi feci male e mi svegliai di botto, senza assolutamente capire perché mi trovavo lì invece che nel mio letto.

Poi il sonnambulismo infantile passò e lo dimenticai quasi. Ma qualche anno fa, in carcere, Massimo Bellogi, un compagno della colonna Walter Alasia, mi raccontò che anche lui era stato sonnambulo da bambino e andava a sedersi sulla porta di casa. Spiegò la cosa col fatto che in quel periodo il padre era andato via, abbandonando la famiglia. Allora capii che probabilmente alla finestra io andavo ad aspettare non solo mio padre, che non sapevo chi fosse, ma anche mia madre che era lontana e vedevo raramente.

A sedici anni ho cominciato ad avere dei rapporti più ravvicinati con mia madre, che però allora chiamavo Jolanda e non mamma. È stata per me molto più un'amica e una consigliera che una presenza materna. Solo in questi ultimi anni ho cominciato a chiamarla mamma, e mi è sembrato che ne fosse felice.

A questo punto il freudiano potrebbe sbizzarrirsi.

E lo junghiano?

A lui potrei dire che i simboli forti della mia infanzia sono tutti legati all'ambiente naturale in cui sono cresciuto: la montagna, le sue valli, le sue sorgenti e tutto ciò che rappresentano. Non ho subìto il fascino di nessun personaggio storico, anche perché ho cominciato ad occuparmi di politica assai tardi, quando ero già all'università di Trento. E neanche subito.

Fin da bambino sono stato portato a cacciare le aquile e i camosci che venivano poi impagliati. I miei miti infantili erano tutti miti animistici che ruotavano attorno al mondo montanaro: le cime più belle, le foreste incantate, gli animali più difficili da avvicinare, le tracce nelle neve... Non a caso ho scelto l'università di Trento: più perché era in mezzo ai monti, che per la nuova facoltà di sociologia. E non a caso mi sono sposato con Margherita Cagol, appassionata di montagna anche lei. Abbiamo passato settimane e settimane in giro per la Val di Fassa, la Val di Brenta e la Val di Genova a cercare le fonti: era un continuo stupirsi dei differenti sapori di quelle acque.

La montagna accoglie le tempeste, il vento, la neve e il sole senza mai alterarsi. Al massimo subisce un po' di erosione. Io ho vissuto diciotto anni in carcere in modo abbastanza roccioso, riuscendo ad accogliere ciò che mi veniva addosso senza scompormi troppo. Dalle fonti zampillano acque nutritive dai sapori più diversi. Nella mia vita sono entrato in rapporto con tantissime persone diverse, dando e ricevendo, in modo attivo e sorgivo, molti doni.

C'è n'è abbastanza per lo junghiano?

Credo di sì. Non capisco bene però in questo scenario del tuo carattere, delle tue aspirazioni e del tuo evidente gusto per la simbologia, cosa c'entrino le Brigate rosse?

Le Brigate rosse sono solo un capitolo della mia esistenza. Un'avventura assolutamente metropolitana in cui sono entrato anche in seguito ad una serie di circostanze fortuite e che, probabilmente, rappresenta una forzatura rispetto al mio carattere e al mio immaginario.

Quanto all'orientamento simbolico del mio sguardo, non mi sembra una peculiarità anomala e neanche originale. Credo che la normale comunicazione tra individui si alimenti fondamentalmente di contenuti simbolici: sono quindi portato a ritenere che chi pensa che i propri rapporti con gli esseri e le cose non sono tutti impregnati di simboli, sia in realtà un individuo poco consapevole dei suoi meccanismi di comunicazione. Sono sempre stato convinto che ciascuno di noi è un agglomerato di simboli che, purtroppo, questa società riduce a scarabocchi.

Torniamo alla tua infanzia: mi hai detto che è stata felice nella tua famiglia adottiva...

Felice e anche piena di affetti. La mamma Paschetto si chiamava Enrichetta: per me era «zia». C'erano anche le sue figlie, Fernanda e Luciana, già in età da marito quando avevo cinque anni. Mi volevano bene. Frequentavo la scuola elementare del paese: un'aula unica dove si svolgevano le lezioni di tutte le classi.

D'estate, i Paschetto tenevano un rifugio, su in montagna, e per me quei due o tre mesi erano fatati.

Nessun brutto ricordo?

Il primo grandissimo trauma: nel '45 la morte di zio Armando. Aveva vent'anni quando io ne avevo quattro e giocava sempre con me come un fratello maggiore, mi portava nei boschi, mi insegnava i nomi delle piante e degli animali.

Gli sono stato affezionatissimo. Lui si era dato alla macchia con i partigiani della Brigata Garibaldi, ma ogni tanto veniva giù a trovarmi. Il giorno della liberazione di Torino era andato in città a festeggiare e la sera, tornando a Torre Pellice su un camion con i suoi compagni, incappò nell'imboscata di un manipolo di nazisti che si stavano ritirando oltre confine: lo trucidarono assieme a tutti gli altri.

Lo zio partigiano ammazzato dai nazisti è un'immagine che poi ha contato per te?

Moltissimo dal punto di vista umano e affettivo. Sul piano politico non direi. Per tanti anni non ho attribuito nessuna valenza politica al dolore di quel ricordo.

Solo molto più tardi, quando ero già a Trento, ho scoperto il significato della morte di zio Armando. Ho portato Margherita in Val Pellice per farle vedere i luoghi dove ero stato con lui e ho anche fatto una ricerca sulle lotte partigiane in quella zona. Poco dopo, il primo nome di battaglia che mi sono dato da brigatista è stato «Armando».

A Torre Pellice hai vissuto fino a dieci anni: poi?

Alla fine delle elementari mia madre, probabilmente in accordo con mio padre, prese sulla mia testa una decisione drammatica: quella di trasferirmi dalle montagne in un collegio di preti vicino Roma, il Don Bosco di Centocelle.

Fu un brutto colpo e decisi subito di ribellarmi. Mi chiusi in una sfera quasi autistica di silenzio e di rifiuto. Non parlavo, non studiavo. E scappai varie volte, traversando tutta Roma, per andare da mio zio, il regista Luigi Zampa: viveva in una lussuosa casa dei Parioli che mi piaceva molto ed era frequentata da bellissime attrici al cui profumo ero tutt'altro che insensibile. Si trattava infatti di un'alternativa radicale rispetto a quell'ambiente cupo e gelido del collegio che mi appariva insopportabile.

Ma il mio vero problema era che non volevo stare a Roma. Volevo tornare in Val Pellice.

Com'è finita questa prima ribellione?

Malissimo. Mi bocciarono senza possibilità di appello. Allora, non so bene perché, decisero di mandarmi a Imperia, affidandomi ad una nuova famiglia, dove rimasi fino a quindici anni.

Anche lì continuai la rivolta. E continuai a non studiare. Bocciato al primo anno, sul punto di essere bocciato una seconda volta, venni iscritto ad una scuola di avviamento. Non servì ad ammansirmi. Volevo Torre Pellice.

Qualche professore decise però di usare le maniere forti: «Se non studi ti sbattiamo nella casa di correzione di Genova». E mi portarono a vederla da lontano: una vecchia nave incatenata nel porto dove venivano tenuti i ragazzini tutti rapati con la mantellina nera. Funzionò. Mi spaventai moltissimo. Perché io mi ribellavo, ma facevo anche un po' di calcoli: e allora cominciai a studiare il minimo indispensabile per uscire da quella situazione, poter lavorare e rendermi indipendente. Non mi bocciarono più. A quindici anni finii la scuola e chiesi a mia madre di andare a lavorare.

Lavorare dove?

Mi sarebbe piaciuto in un bar. D'estate avevo già lavorato saltuariamente come ragazzo di bancone e come cameriere. Mio padre cercò allora di aiutarmi e mi trovò un posto all'Hotel Cavalieri di Milano dove venni assunto come ascensorista.

Ci rimasi un anno. Fu un'esperienza che mi piacque: ero autonomo, guadagnavo dei soldi, anche parecchio con le mance. Era anche la prima volta che stavo vicino a mia madre. Lei lavorava in un altro albergo di Milano, abitavamo insieme in un piccolissimo appartamento, andavamo d'accordo e ognuno aveva la sua indipendenza.

Decisi anche di studiare lingue: mi iscrissi ai corsi di francese, inglese e spagnolo della Berlitz School; fu l'occasione di conoscere ragazzi e ragazze, le prime amicizie, i primi flirt.

Insomma, sei diventato un bravo ragazzo, assolutamente normale: quanto dura così?

Un anno e mezzo circa. Nel '58 a mia madre si presentò la possibilità di rilevare una pensioncina a San Remo e mi chiese se ero disponibile a darle una mano. Anche se mi dispiaceva andar via da Milano e lasciare i buoni guadagni di ascensorista risposi di sì. La pensione Flora aveva una decina di camere ed era vicinissima al Casinò: per il nostro piccolo bilancio familiare l'impresa non andava male.

Jolanda allora insistette perché continuassi a studiare. Dissi che avrei voluto iscrivermi al liceo artistico: mi piaceva dipingere anche se facevo degli scarabocchi. Ma tutti mi sconsigliarono: «Cosa combinerai dopo con quella scuola? Diventerai un disoccupato cronico!». Allora mi ribellai di nuovo: se proprio volete che faccia un'altra scuola sceglierò a caso. E scelsi aprendo l'elenco telefonico. Capitò un istituto per periti chimici di Albenga.

Così, per volere della sorte, hai studiato da perito chimico?

Per cinque anni. Vivevo in un collegio e tornavo a San Remo nei week-end e per le vacanze: l'estate lavoravo saltuariamente in alcuni grandi alberghi della Riviera.

Durante una di quelle vacanze-lavoro ho vissuto la mia prima storia d'amore: lei si chiamava Lulù, era una parigina un po' più grande di me e bellissima. D'estate portava dei pantaloncini cortissimi, molto osé per quegli anni. Io ero innamorato, ma pensavo che fosse una conquista al di sopra delle mie possibilità di ragazzino. Invece la nostra amicizia ad un certo punto è diventata qualcosa di più affettuoso procurandomi un'intensa e incredula felicità.

Sei riuscito a diplomarti?

Volevo finire presto e mi buttai a studiare forsennatamente. Presi il diploma con una media molto alta e il mio tema di italiano, di cui non ricordo assolutamente l'argomento, venne premiato e anche pubblicato da qualche parte.

Tornai a casa felice: «Cara Jolanda ci siamo, mi sono diplomato e adesso per me comincia una nuova vita...». Finita la sofferenza della scuola, pensavo che il momento era venuto di andare a vedere cosa succedeva nel mondo che non conoscevo. Mi accorsi subito, però, che mia madre aveva altre idee sul mio futuro: «Adesso che hai il diploma puoi trovare un lavoro serio, possiamo finalmente vivere insieme...».

Nel mondo, dove volevi andare?

Non avevo le idee chiare. All'epoca mi piaceva soprattutto ascoltare il sassofono e leggevo molto Camus. Ritenevo che, comunque, qualsiasi soluzione esistenziale accettabile richiedesse una dose di avventura e cresceva sempre più forte la voglia di rendermi totalmente autonomo.

Ma, per assecondare i desideri di Jolanda, compilai e spedii in giro delle domande di lavoro. Mi risposero dalla Pirelli di Milano.

E ti sei presentato?

Dopo qualche esitazione decisi di andare. Così, nell'autunno '61, a vent'anni, varcai per la prima volta quel cancello della Bicocca dove dieci anni dopo comincerà e si svilupperà la mia storia di brigatista.

Questa volta invece, in giacca e cravatta, mi presentai al sorvegliante il quale mi invitò a salire negli uffici. E lì su, un dirigente stabilì che tutte le mie carte erano a posto e avrei potuto cominciare a lavorare anche il giorno dopo.

«Cosa dovrei fare?», chiesi. «Venga a vedere»; e mi portarono nel reparto del nero-fumo dove si prepara la mescola dei pneumatici: un incubo caliginoso e nerastro. In un orrendo sottoscala c'era un tavolino con una serie di provette: «Lei qui dovrà effettuare dei controlli chimici sui materiali...».

Presi atto e ringraziai. «Mi farò vivo», promisi salutando.

«Ho visto il posto dove dovrei passare il resto della mia vita», raccontai in tono melodrammatico a mia madre, «e proprio perché l'ho visto ho deciso che lì non ci andrò mai». Jolanda rimase molto delusa. Capii che stavamo vivendo due attese diverse: lei quella di un riavvicinamento a me, io quella del distacco dal passato di cui sentivo un bisogno insopprimibile.

Hai fatto prevalere la tua esigenza?

È successo in modo automatico, quasi senza accorgermene. Un pomeriggio camminavo lungo la litoranea di San Remo, tutto immerso nei miei pensieri. Mi accorsi che ero arrivato alla fine dell'abitato e allora, invece di tornare indietro, feci l'autostop. E mi ritrovai a Genova.

Cosa c'eri andato a fare?

Niente di preciso. Era la prima città incontrata sulla strada. Avevo solo i vestiti che indossavo e cento lire in tasca. Il signore che mi aveva dato il passaggio era un austriaco e mi invitò a cena. Ma rifiutai perché diffidavo dell'attenzione eccessiva che mi dimostrava. Scrissi invece un biglietto a mia madre: «Cara Jolanda, ho bisogno di starmene un po' per i fatti miei, di capire tante cose di me, del mio futuro, del mio passato, quindi ci rivedremo tra qualche tempo...».

Voltavo pagina. Aprivo un nuovo capitolo della mia esistenza, che è anche quello meno noto.

III

Fuoco di Russia allo Zanzibar

Apriamolo anche noi questo nuovo capitolo: in che consiste?

In un anno un po' balordo e barbone in cui sono stato in bilico: avrei anche potuto scivolare giù con facilità, ma alla fine non è successo.

Arrivai a Genova che era sera. Liquidato l'austriaco insidioso e scritto il messaggio a mia madre, mi ritrovai su una panchina davanti alla stazione Principe. Dormii lì, convinto che l'indomani avrei trovato un lavoro da cameriere.

Invece il giorno dopo ero sporco, con la barba lunga, i vestiti spiegazzati, la faccia gonfia. Mi presentai in vari posti e mi risposero tutti: « No, grazie».

Così tornai a dormire anche la seconda notte sulla panchina. E anche la terza notte. Avevo una fame da morire, non mi era rimasta una lira e non sapevo proprio che fare.

Ti è balenata la tentazione di tornare a casa?

No, non volevo assolutamente arrendermi. E, come succederà poi altre volte, fu il caso a venirmi in aiuto.

Mentre ero sdraiato sulla panchina si avvicinò un ragazzo: «Sono tre notti che ti vedo qui, sei proprio malmesso; se hai fame, se vuoi bere, vieni, ti invito». Io diffidavo, ma la fame spazzò via ogni esitazione. Mi portò in una piccola trattoria dietro piazza dell'Annunziata. Mangiai come un lupo e diventammo amici.

Lui era scappato di casa perché odiava il padre, viveva di espedienti e piccoli lavoretti. Sulla via dell'alcolismo, beveva di tutto, ma in particolare il Fuoco di Russia, una specie di grappa rossa ad altissima gradazione. Camminava per Genova tutta la notte perché abitava da una puttana che lavorava in casa.

All'alba mi portò nell'appartamento della ragazza. Mi lavai, mi sistemai e, come se fosse la cosa più normale, mi stabilii a vivere lì anche io.

Hai trovato un lavoro?

Per una settimana l'ho cercato senza successo: forse il mio aspetto in quel periodo non era troppo rassicurante. A un certo punto il mio nuovo amico mi convinse di smetterla di voler fare il cameriere: «Che bisogno c'è di lavorare, ci sono altri modi per cavarsela». I suoi erano furtarelli, piccole truffe, prestiti di denaro a strozzo, traffici di sigarette...

Avevamo eletto a dimora notturna il Cantinone, lo Zanzibar e altri locali della zona del porto. Lui beveva sempre e io gli tenevo compagnia. Ma a una cert'ora anche gli ultimi bar chiudevano. Allora ci imbarcavamo sul treno per Milano, arrivavamo alla stazione Centrale, prendevamo un caffè e ripartivamo per Genova: un modo per stare seduti al caldo, a fumare, chiacchierare e dormire.

Anche tu vivevi di furti e di truffe?

No, avevo trovato degli espedienti un tantino più legali per guadagnare il minimo di denaro necessario a sopravvivere. Distribuivo i pacchi di giornali alle edicole, facevo lo scaricatore di porto «clandestino», cioè senza essere iscritto al sindacato, lavoravo saltuariamente nei ristoranti per i ricevimenti di matrimonio e altre cose del genere.

Il problema era però che piano piano stavo entrando nell'alcolismo anch'io. Ero di fisico forte, ma cominciavo a risentire sintomi preoccupanti. Il mio amico invece stava decisamente male. Un medico gli diede la Metedrina per togliergli il desiderio di bere: il risultato fu che non riuscì più a dormire. E costringeva a star sveglio anche me. Così cominciai a prendere Metedrina anch'io.

Fu un periodo infernale in cui arrivai all'orlo di un'estrema confusione mentale. Per salvarmi sentii che dovevo aggrapparmi alla scrittura. Sto vivendo un'esperienza strana, mi dissi, voglio registrarla e ragionarci sopra: così cominciai a riempire molti quaderni con tutto quello che facevo e provavo. Per altri versi la mia vita aveva anche aspetti piacevoli e interessanti. Abitavo in via Prè, nel quartiere del contrabbando e delle prostitute. Molte di loro erano delle amiche, gentili, anche affettuose. Mi guardavano come un essere di un mondo diverso: uno strano tipo che scriveva e passava ore sui libri. Perché io in quel periodo, oltre a riempire i miei quaderni, leggevo di tutto, da Koestler a Kerouac, da Baudelaire al *Diario minimo* di Eco.

Ho avuto anche una storia d'amore con una studentessa, figlia di un portuale siciliano. Si chiamava Maria, era una ragazza mingherlina con lunghi e profumati capelli, profondi occhioni neri. Andavo ad aspettarla all'uscita della scuola serale. Credo di essere stato innamorato di lei per quasi un anno.

Come esci da questo periodo di esistenzialismo dannato alla genovese?

Venne un giorno che il mio amico non resse più all'alcool e alla Metedrina. Ebbe un collasso e fu ricoverato in ospedale. Io mi ritrovai quella notte a girare per Genova senza di lui e cominciai a chiedermi che senso avesse un'esperienza diventata ormai solo distruttiva.

Va bene, quello che dovevo imparare l'ho imparato, mi dissi. E decisi, senza esitazione, di chiudere quella parentesi.

E cosa ritieni di aver imparato in quell'anno?

Moltissime cose. La realtà degli emarginati, la psicologia dell'arte di arrangiarsi, il fascino pericoloso dell'autodistruzione e, soprattutto, il senso profondo di solidarietà che si può comunicare a persone in un momento disperato della vita.

Insomma, decidi di girare pagina un'altra volta. Ci riesci subito?

In poche ore. Al punto in cui mi trovavo non era una cosa molto difficile.

Mi tornò in mente una discussione avuta con un geometra dell'Italsider in un bar vicino al porto: «Tu che sei un tipo con tanti strani interessi», mi aveva detto, «sai che a Trento stanno aprendo una nuova università di sociologia? Secondo me dovresti andarci, è quello che fa per te». Ripensai a quel colloquio e l'idea di Trento mi piacque. Non sapevo neanche bene cosa fosse sociologia, ma Trento per me si accoppiava all'immagine della montagna. E poi era lontana da Genova.

Corsi in ospedale a salutare il mio amico. Capivo che per lui, che non aveva molti strumenti eccetto una grande generosità, non ci sarebbero state molte strade. «Io qui ho chiuso, me ne vado, non so bene dove, non so bene a far che, ma me ne vado», gli dissi. Lo abbracciai con grande affetto promettendogli che ci saremmo rivisti. E, leggero come una piuma, presi il treno per Trento.

IV
Trento come Berkeley

Il giudizio corrente è che l'università di Trento sia stata l'anticamera del Sessantotto e la fucina di quel sovversivismo che si incanalerà nelle Brigate rosse: la tua storia ti appare come una conferma di questa analisi?

Solo in parte, perché per me il '68 non è stato un anno vissuto con particolare intensità e nelle Br confluirono anche altre componenti oltre quella trentina. Ma a questo penseremo dopo.

Una sera del giugno '62 arrivai a Trento con cinquantamila lire in tasca, una certa passione per la letteratura, senza sapere nulla di politica e tantomeno di sociologia. Poiché ero ormai abituato a non andare a dormire, cominciai a vagare per la città che, a differenza di Genova, era straordinariamente pulita e ordinata. Le case dipinte, le aiuole curate, le montagne illuminate dalla luna: mi sembrò un paradiso. Questo posto fa per me, decisi all'istante.

E ti iscrivi subito a Sociologia?

Prima dovevo pensare ad organizzarmi l'esistenza. La mattina al bar Italia, nella piazza centrale, ordinai un cappuccino e dissi al cameriere che cercavo lavoro. «Se sei capace, qui da fare ce n'è finché vuoi». Mi suggerì di andare a chiedere all'albergo Panorama, proprio sopra il centro cittadino: «Di' che ti manda Ermes, vedrai che ti proveranno...».

Al Panorama venni accolto come se non stessero aspettando che me: «Capita proprio a proposito, i vestiti glieli diamo noi, cominci subito». Non mi feci pregare: alloggiato, nutrito, vestito e con un ottimo stipendio, fare il cameriere lì fu una pacchia che durò vari mesi.

All'università le cose andarono ancora meglio. Quando mi presentai per l'iscrizione l'impiegata mi spiegò che con la media del mio diploma potevo aspirare a una borsa di studio. Feci la richiesta e la borsa mi venne concessa.

Università gratis, alloggio gratis in una stupenda villa liberty nel borgo di Villazzano, tutt'intorno i monti su cui programmavo grandi escursioni: capii che la prima impressione avuta la notte in cui ero arrivato risultava giustissima: quello era davvero il paradiso.

Nell'autunno '63 comincia il tuo primo anno universitario in un ambiente accademico spumeggiante di stimoli nuovi: è un salto difficile per uno che si era semi-imbarbonito bevendo Fuoco di Russia nelle bettole genovesi?

I primi tempi risolsi il problema ascoltando molto e stando zitto moltissimo. Direi comunque che, dal punto di vista formativo, quello è stato il periodo più importante della mia vita. Nel senso che quell'ambiente stimolò una straordinaria sfida con me stesso. La sfida di riuscire a tenere il passo in una competizione intellettuale dalla quale si poteva emergere in serie A o essere relegati sullo sfondo.

Il pungolo più efficace fu il confronto continuo con studenti come Mauro Rostagno, Marco Boato, Marianella Sclavi: personaggi che in quell'università tenevano banco sul piano dello spettacolo intellettuale.

Ti sei legato con qualcuno in particolare?

In un primo tempo con Marianella. Avevamo in comune un interesse per Sartre e una passione per gli psicodrammi e i sociodrammi. Lei rideva in modo inimitabile, con tutto il corpo, e ciò sdrammatizzava le nostre avventure intellettuali. Poi conobbi Mauro Rostagno che rappresentò un mito col quale sentivo di dovermi misurare.

Viveva a Milano e ogni volta che veniva a dare gli esami attraeva tutti con una carica di fascino assolutamente straordinaria. Era capace di allargare sempre i confini del discorso, di renderlo coinvolgente e anche, se gli girava, di spararle grosse senza batter ciglio. Figlio di un metalmeccanico della Fiat, si era formato nella cultura operaia di «Quaderni rossi»,[1] alla scuola di Raniero Panzieri, Mario Tronti, Vittorio Rieser.

Presto ebbi la fortuna di conoscerlo bene e anche di vivere alcuni anni assieme a lui nella «comune» che creammo a Trento. Una volta che ero andato alla libreria Feltrinelli di Milano incontrai un altro studente di sociologia, Paolo Sorbi, il quale mi invitò ad accompagnarlo a una riunione in casa di Rostagno. Colsi l'occasione al volo. Ricordo ancora che si discuteva di un libro di Koehler, *L'intelligenza delle scimmie antropoidi.* E io assistetti in silenzio al grande show.

Alla fine della serata Rostagno mi si avvicinò chiedendomi come mai non avevo detto niente. «Ma, perché francamente sono senza parole», risposi, «nel senso che mi considero ancora piuttosto indietro come preparazione culturale e non mi sento in grado di intervenire in una discussione a questo livello». Lui si mise a ridere: « Guarda che qui molto è gioco, non devi prendere tutto sul serio...». E mi offrì di rimanere qualche tempo a casa sua a Milano.

Da quella sera nacque una vera amicizia che è durata fino al giorno in cui l'hanno ucciso, nel settembre 1988.

Quando, dopo Trento, avete imboccato strade diverse avete continuato a vedervi? Lui ha mai discusso le tue scelte di brigatista?

Ci siamo visti qualche volta a Milano, fino al mio arresto nel '74. Poi ci siamo scritti spesso, soprattutto negli ultimi anni.

Rostagno per me rappresenta l'esperienza più che ven-

[1] Rivista operaista fondata nel 1961 a Torino da Raniero Panzieri, Mario Tronti, Alberto Asor Rosa, Vittorio Rieser, Romano Alquati.

tennale di un'amicizia autentica e di un affetto potente, misti al fascino provocatorio della sua intelligenza polimorfa. Lui non ha mai discusso le mie scelte, come io non ho mai discusso le sue: ci siamo sempre accettati senza problemi. Perché l'intensità delle esperienze comuni vissute per cinque anni, prima del mio ingresso nella lotta armata, era tale da non consentire ai nostri diversi percorsi politici di dividerci sul piano del rapporto umano. Un giorno del '74 ci incontrammo sulla metropolitana di Milano. Ero già ricercato ed era rischioso fermarsi in un bar. Allora andammo su e giù, da capolinea a capolinea, per chiacchierare e, soprattutto, per sentirci insieme.

In una della sue ultime lettere mi ha scritto che sperava di potermi vedere presto da lui, nella comunità Saman, a Trapani: per parlare di noi, delle nostre esistenze all'apparenza tanto diverse eppur così intrecciate, dei destini tristissimi che avevano inghiottito molti amici e persone care. Ci sarebbe piaciuto guardarci negli occhi e porci reciproche domande su quei passaggi della nostra vita che forse non avranno più risposta; sulle nostre parole di un tempo e su quelle ancora in gestazione.

Cosa ha rappresentato la morte di questo amico?

La morte di una parte profonda di me stesso, prima di tutto. Poi alcune constatazioni amare. Le fucilate contro «Sanatano»[2] colpiscono anche la parte ancora inquieta della mia generazione: impiombano quei compagni che, nonostante tutto ciò che è successo negli ultimi venti anni, o forse proprio per questo, sanno ancora andare incontro alla vita con l'immutato desiderio di imparare, di offrirsi e di sorridere.

Continuare a voler bene a Rostagno per me significa anche riflettere sulle responsabilità che la mia generazione ha contratto nei confronti della sua morte.

[2] Nome preso da Rostagno all'interno della comunità «arancione» alla quale aveva appartenuto.

A quali responsabilità ti riferisci?

Che la nostra generazione sia stata sconfitta è ormai un luogo comune. Quel che non mi è chiaro è chi, in realtà, abbia poi vinto la partita. Una cosa però appare certa: esiste da parte nostra un'incapacità diffusa ad elaborare la sconfitta subìta. Un'incapacità a guardare in faccia il passato e anche il presente. Così ognuno tira avanti, proprio come ha scritto «Sanatano», «senza voler essere troppo disturbato da fantasmi non completati, non interamente evocati, non definitivamente cacciati».

Su questo quieto vivere apparente di una generazione a suo tempo inquieta, e anche arrabbiata, dovremmo interrogarci. Si tratta di una difficoltà a rivivere, di una quiete stonata, nelle quali possiamo trovare le ragioni delle assenze che hanno lasciato senz'acqua Rostagno durante le sue ultime coraggiose battaglie contro i boss dell'eroina.

Torniamo agli anni dell'università di Trento: hai detto che avevi fondato una comune.

Un'amica ci offrì una casa semi-crollante in riva all'Adige. Assieme a Rostagno e a Paolo Palmieri, che oggi insegna antropologia all'università di Padova, decidemmo di farne una comune o, più modestamente, una «casa di studio aperta». Lavorammo un po' a consolidare e restaurare l'edificio, coadiuvati da volontari e aiutandoci con qualche furtarello: ricordo che trafugammo da una piazza la tonda pedana dei vigili urbani e la trasformammo in un grande tavolo da lavoro.

A dormire lì eravamo solo tre, ma durante il giorno arrivava chi voleva. Anche gruppi di venti ragazzi e qualche rara ragazza. Tenevamo dei piccoli seminari, organizzavamo delle specie di controcorsi su argomenti che all'università non venivano trattati o, secondo noi, venivano trattati male: più Wittgenstein che Marx, ma anche Fanon, Marcuse, Benjamin. E cominciò un gioco strano: perché nel clima ancora molto chiuso della società trentina, frequentare la nostra «casa aperta» voleva dire esporsi a critiche e sospetti anche pesanti. Tanto più che Marianella Sclavi ed io in quel periodo cominciammo a sperimentare le tecniche del sociodramma nelle bettole trentine, creando situazioni drammatico-esilaranti che, ovviamente, aggiunsero dicerie ai pettegolezzi.

Una delle prime studentesse che prese a frequentare regolarmente la nostra «casa degli stregoni» fu proprio Margherita Cagol: e uno dei motivi per cui mi innamorai subito di lei fu anche il coraggio grande che aveva dimostrato nel varcare quel ponte sull'Adige che portava da noi. Così cominciò la nostra storia d'amore che non è poi mai finita.

Con i professori che rapporti avevi?

In genere li stimavo. Mi è rimasto un bel ricordo del corso di economia due tenuto da Nino Andreatta e dal suo assistente Romano Prodi: eravamo solo in cinque a frequentarlo perché il programma di studio era solido e loro venivano considerati molto rigorosi ed esigenti. Rimango ancora riconoscente a Beppino Disertori, autore di un consistente trattato sulle nevrosi e professore di psichiatria sociale: anche se lui non se ne rese mai conto, è stato seguendo le sue appassionate lezioni che ho cominciato a coltivare quegli interessi in cui, durante questi ultimi anni, ho ripreso ad inoltrarmi.

Un altro professore che ha certamente contato nella mia formazione è Francesco Alberoni. Arrivò nel '69, quando i corsi erano già bloccati e, dopo aver parlato lungamente con noi, ebbe l'idea di trasformare Trento in una specie di Francoforte: un'università sperimentale in cui si esprimessero tutte le tensioni e le esigenze di rinnovamento che erano nell'aria.

Con Alberoni arrivò a Trento anche la lotta politica?

Quella era già in corso da un po' di tempo ed era iniziata nel modo più tradizionale, sulla spinta di un bieco spirito corporativo. La nostra università era privata e non ancora riconosciuta dallo Stato. Quando si pose il problema della parificazione, il ministero decise che la laurea trentina equivaleva a quella in scienze politiche. Noi ci imbufalimmo: ma come, abbiamo studiato tanto per ritrovarci in mano una comunissima laurea in scienze politiche che sul mercato del lavoro vale poco o nulla! Volevamo molto di più, volevamo che la nostra unicità venisse riconosciuta, volevamo essere sociologi: e sulla scia di queste rivendicazioni di bottega iniziammo una lotta furibonda.

Con l'appoggio di Flaminio Piccoli, il democristiano trentino che aveva voluto la nuova università, una nostra delegazione, composta da Rostagno, Duccio Berio e me, partì per Roma. Ricordo che facemmo il giro di tutti i partiti: per il Psi ci ricevette De Martino, che era il segretario; per il Pci ci accolsero la Rossanda e Pintor, che allora si trovavano nel pieno fulgore della loro ascesa politica; Piccoli ci accompagnò nei corridoi del Parlamento presentandoci a chi poteva e perorando la nostra causa. Fatto sta che la vertenza avvampò per tutto il 1967 e alla fine l'avemmo vinta: ci venne riconosciuta l'agognata laurea in sociologia.

Però il discorso politico che si sviluppa nella vostra università non si esaurisce in questa battaglia per la laurea.

Certamente no. Mentre si combatteva questa guerra corporativa andava maturando, nel brodo di cultura incanalato in riviste come «Quaderni rossi», «Quaderni piacentini»[3] e «Classe operaia»,[4] la nostra nuova coscienza politica: Trento era un'università in cui c'erano anche studenti che non venivano dal liceo e rappresentava quindi un terreno fertile per lo sviluppo del discorso sul passaggio da una scuola di élite a una scuola di massa.

[3] Rivista cultural-politica bimestrale fondata nel 1962 a Piacenza da Pier Giorgio Bellocchio, Grazia Cherchi e Goffredo Fofi.

[4] Rivista operaista mensile pubblicata a Padova (1964 -'65) e diretta da Mario Tronti.

Comunque l'elemento potente che coagulò attorno a sé questi vari fermenti e fece scattare la molla dell'azione furono gli echi della ribellione contro la guerra del Vietnam che ci arrivavano dai campus statunitensi. Come facoltà di sociologia eravamo direttamente collegati a Berkeley e, in sintonia con la rabbia degli studenti californiani, ci mobilitammo. Nell'autunno '67 decidemmo di occupare l'università.

Ed è la prima volta che viene fatta un'occupazione in Italia, se non sbaglio.

È esatto. Le cose andarono così. Io ero «ministro della cultura» del parlamentino universitario e, durante un'accesa riunione del nostro organismo di rappresentanza, Rostagno propose l'occupazione. Non tutti erano d'accordo. Alla fine dell'assemblea ci contammo: a voler usare questa forma di lotta, che allora appariva azzardatissima, eravamo in sette. Dopo poco fummo in undici.

Intanto si era fatta sera e l'università stava per chiudere. Corremmo e arrivammo appena in tempo, prima che il bidello sprangasse il portone. «Guarda che noi stanotte dormiamo qua», gli dicemmo, «tu puoi andartene senza nessuna preoccupazione». Sbarrò gli occhi come se gli avessimo comunicato che avevamo un'atomica in tasca.

Ci barricammo spostando qualche mobile e, siccome l'edificio universitario era proprio di faccia al giornale «l'Adige», che faceva capo a Piccoli, esponemmo alle finestre grandi lenzuoli con le scritte «Università occupata», «Stop the war in Vietnam».

La cosa fece molto clamore. Nei giorni successivi, da undici che eravamo la prima notte, diventammo un migliaio. Certo, non tutti dormivano nell'ateneo. Ci davamo dei turni, ma regnava sempre una notevole confusione. Comunque, organizzammo assemblee, discussioni, votazioni... E alla fine decidemmo di non rifiutare globalmente la vecchia struttura accademica, che aveva il pregio di far lavorare sodo, ma di creare dei controcorsi concepiti come piacevano a noi, su temi che ci appassionavano. Cominciammo anche a invitare personaggi del mondo della cultura lontani dall'ambiente accademico: per esempio Lelio Basso, che era stato in Vietnam e ci portò le bombe a frammentazione usate contro i Vietcong; e il gruppo del Living Theatre di Julian Beck, che restò quindici giorni creando grande scandalo e scompiglio in città.

Insomma, creammo il primo esemplare di «università negativa», che poi troverà uno sviluppo a Palazzo Campana, a Torino, e in vari altri atenei.

Naturalmente, la prima occupazione fisica dell'università durò pochi giorni perché una mattina arrivarono squadroni di poliziotti che ci sbatterono fuori. Noi opponemmo solo la resistenza passiva che allora era nella tradizione dei contestatori americani. E ci prendemmo un sacco di randellate. Fummo arrestati e poi rilasciati grazie all'intervento di alcuni parlamentari comunisti.

Cominciò così un periodo turbolento e dinamico in cui, mentre si sviluppavano le iniziative dell'«università negativa», l'ateneo veniva periodicamente rioccupato e riliberato.

Esiste anche un documento costitutivo della vostra «università negativa» che all'inizio del '68 è circolato per tutta Italia: chi lo ha scritto?

Durante i primi giorni di occupazione lo impostai io, ispirandomi a quanto avevano prodotto gli studenti di Berkeley. Poi la mia bozza venne discussa in vari incontri della nostra comune e si arrivò al testo definitivo, intitolato «Manifesto per una università negativa».

Si trattava di un documento che, tutto sommato, impostava un discorso ancora interno alle istituzioni, certo non rivoluzionario. I punti più importanti erano due: la critica della tecnocrazia, cioè di un pensiero che sganciava la conoscenza da ciò che noi chiamavamo «la vita»; e la critica del ruolo negativo che secondo noi l'università italiana svolgeva nella società, ossia la riproduzione passiva della cultura dominante. La conseguenza pratica di quelle analisi fu la proposta di una figura di antisociologo che lavorasse assieme alle forze sociali emarginate per aiutarle ad acquisire maggiori strumenti di intervento.

Intanto scoppia il Sessantotto. Voi di Trento eravate già in moto da tempo. Come hai vissuto l'anno simbolo della contestazione?

Alla fine del '67 Trento, anche grazie alla sua posizione geografica, era diventato un crocevia delle pulsioni internazionali: oltre che su Berkeley eravamo affacciati su Berlino, Bruxelles, Parigi...

Si può dire però che, avendo anticipato i tempi, quando dalle altre parti esplose il Sessantotto noi concludevamo il primo ciclo di lotte al quale avevamo partecipato compatti.

Il nostro dibattito si era ormai ideologizzato e molti di noi imboccarono in quel momento strade diverse: Rostagno, per esempio, approdò a un terzomondismo guevarista non lontano da quella che era la posizione del Psiup; Boato, prima di arrivare a Lotta continua, rimase un militante della sinistra cattolica; io mi orientai verso la Cina della rivoluzione culturale e il marxismo-leninismo maoista; Marianella Sclavi si avvicinò al Pci e al movimento sindacale.

Per la prima volta conobbi la potenza separatrice dell'ideologia. Vivemmo infatti uno smembramento abbastanza triste che si concretizzò anche fisicamente: nel senso che ognuno di noi partì per la sua strada. La mia fu una specie di giro d'Italia. Mi fermai soprattutto in Calabria e in Sicilia dove condussi uno studio sulla riforma agraria, il latifondismo e la mafia.

Ma la vicenda trentina non si concluse così.

No, ci fu un secondo capitolo. Dopo l'estate del '68, carico di nostalgia, decisi di tornare a casa, nella nostra vecchia comune di Trento, per vedere che succedeva. A sorpresa ci trovai anche Rostagno e altri amici: tutti rimpatriati come me!

Felici di essere di nuovo riuniti, ci abbracciammo e cominciammo a ragionare sul significato di un movimento antiautoritario. Che peso poteva avere in Italia la proposta di Rudy Dutschke di una lunga marcia attraverso e contro le istituzioni? I clamori della constestazione studentesca erano ormai superati, io ero uscito dal Partito comunista marxista leninista d'Italia quando si era aperto l'assurdo contenzioso interno tra Linea rossa e Linea nera,[5] adesso si trattava di affrontare i problemi in modo più maturo e approfondito.

Come sociologi, ci dicemmo, il nostro compito era quello di dedicarci a una proposta di trasformazione critica della società italiana. Riprendemmo a studiare la scuola di Francoforte, Adorno, Horkheimer, Benjamin, Marcuse, ma anche Reich: non il Reich della rivoluzione sessuale, che noi nel '67 avevamo già vissuto – anche se con qualche timidezza provinciale – ma quello dell'analisi della psicologia di massa del fascismo.

Così Alberoni, col quale avevamo da tempo ottimi rapporti, ci prese sotto la sua ala e ci aprì una strada concreta.

In che modo?

Nel marzo '69 convocò a casa sua Rostagno, Vanni Molinaris, me ed altri quattro o cinque ragazzi: ci disse che era venuto il momento di decidere cosa fare da grandi. In sostanza, ci offrì la possibilità di insegnare subito, trasformando i nostri seminari in veri e propri corsi universitari, con tanto di esame finale. Accettammo ovviamente con entusiasmo. E in quell'anno io tenni un corso sul concetto di coscienza di classe in Lukács che venne seguìto da settanta studenti.

[5] Il Partito comunista marxista leninista d'Italia era un gruppo extraparlamentare che pubblicava il giornale «Nuova Unità». Alla fine del '68 si scisse in due parti: le cosiddette Linea rossa e Linea nera.

Cosa ti ha dirottato da una promettente carriera di professore universitario all'estremismo della lotta armata?

I casi e le occasioni della vita. Più esattamente, a breve termine, il mio matrimonio con Margherita e l'inaspettato incontro con Raffaello De Mori, del Cub[6] della Pirelli: uno dei più prestigiosi leader del movimento operaio di allora, famoso anche per il suo impegno di seduttore militante.

La storia d'amore tra me e Margherita era sempre andata avanti, anche se tra qualche difficoltà perché la sua famiglia era molto tradizionale e il padre gelosissimo della figlia. Comunque nell'estate '69, dopo che si era laureata con centodieci e lode discutendo una bellissima tesi sui *Grundrisse* di Marx, all'epoca non ancora tradotti in Italia, decidemmo di sposarci.

Nel frattempo però Rosetta Infelise, ex leader studentesca e assistente alla Statale di Milano, che seguiva con la passione di Rosa Luxemburg le lotte di fabbrica, aveva portato a Trento una delegazione di quattro o cinque operai del Cub Pirelli capitanati dal mitico De Mori. Col senno di poi posso dire che l'incontro con questo personaggio grintoso e trasognato segnò per me una nuova discontinuità radicale. Voglio dire che il suo discorso mi spinse sul sentiero che, nel giro di due anni, mi portò alle Brigate rosse.

Senza De Mori la tua storia, e anche una fetta della storia d'Italia, sarebbero state diverse: cosa disse di così travolgente questo operaio Pirelli?

Niente che lì per lì percepissi come veramente straordinario, ma qualcosa che mi sembrò interessante e meritevole di essere verificato.

Cari ragazzi, ci predicò in buona sostanza, quello che state facendo qui a Trento è molto lodevole e la vostra

[6] Il Comitato Unitario di Base formato nel 1968 dagli operai in opposizione alle organizzazioni sindacali legate ai partiti.

università critica può rappresentare un punto di riferimento nel dibattito che le lotte studentesche e operaie di questi mesi hanno aperto. Però, su una premessa importante vi sbagliate: non è vero che in Italia i tempi di uno scontro di classe rivoluzionario non sono ancora maturi; non è vero che, come pensate voi, bisogna ancora preparare l'humus culturale su cui far crescere le future lotte. I tempi sono già maturi. Voi non lo sapete, ma per capirlo dovete venire a vedere quello che succede alla Pirelli, alla Fiat e altrove. Oggi in Italia chi vuole veramente misurarsi col problema della trasformazione sociale non può non confrontarsi con la realtà delle grandi fabbriche.

Rimasi colpito. Pensai: o De Mori esagera la potenza del movimento operaio e la maturità dei tempi, e allora è giusto continuare l'università critica; oppure ha ragione, e allora qui stiamo perdendo tempo. Comunque la cosa andava accertata. E decisi di partire per Milano.

Non prima, però, di essermi sposato e di aver fatto un bel viaggio di nozze con Margherita.

V

La sposa di San Romedio

Quando ti sei sposato?

Alle cinque e mezzo di mattina del primo agosto '69 sul sagrato della chiesa del Santuario di San Romedio. Un posto di fiaba in una valle sperduta nelle montagne trentine.

Un orario e una località decisamente originali: perché questa scelta?

Margherita ed io abbiamo voluto sposarci all'alba tra i boschi delle nostre montagne: il momento e il luogo che amavamo di più. A officiare venne un frate molto allegro e simpatico che avevamo conosciuto durante i sommovimenti sessantotteschi. La cerimonia si è svolta sul sagrato della chiesa con un rito misto consentito quando uno dei due sposi non è di religione cattolica. Una scelta fatta per non dispiacere i genitori di Margherita, che erano osservanti, mentre io, pur non identificandomi in alcuna religione, provenivo da un contesto culturale valdese-protestante.

I genitori di Margherita li avevi conosciuti?

Ero andato da loro in visita ufficiale il giorno prima di sposarmi. Conoscevo già la madre, una donna di raffinata sensibilità, da tempo complice della nostra tresca amorosa. Ma il padre, che non voleva accettare in nessun modo il distacco di Margherita dalla famiglia, non lo avevo mai visto.

Gli dissi: «Domani mattina al sorgere del sole ci sposiamo; avremmo piacere che ci fosse anche lei». Rimase sbigottito. Credo che sentì il mondo cadergli addosso. Dopo un po' si riprese e mi fece le domande di rito: che lavoro fa? Quanto guadagna? Come pensa di mantenere mia figlia? Me la cavai tra il burbero e il diplomatico. Comunque decise di venire alla cerimonia.

A mia madre, che lavorava a Londra, consigliai di non fare un così lungo viaggio e le promisi che poi saremmo andati noi a trovarla.

Fatto sta che il povero signor Cagol dovette alzarsi alle quattro di mattina per vedersi portar via la figlia.

Quello non fu un problema. Anzi, la nostra scelta di sposarci all'alba tra i boschi è stata l'unica cosa che approvò perché anche lui era un appassionato montanaro.

Ricordo che la sera di quello stesso giorno, quando Margherita gli telefonò dopo il nostro arrivo a Milano, lui ansiosissimo le chiese: «Avete mangiato? Perché, secondo me, quello che ti sei sposato non è in grado di darti da mangiare». Una domanda e un giudizio che poi continuò a ripetere in ogni telefonata, negli anni successivi.

Al momento della morte di Margherita era malato di cancro. La famiglia cercò di non fargli arrivare brutalmente la notizia, che però, in qualche modo, gli giunse. E, dopo pochi giorni, morì anche lui.

La sera del vostro matrimonio eravate a Milano: non dovevate andare in viaggio di nozze e poi a Londra da tua madre?

Così avrebbe dovuto essere. Infatti, appena sposati salimmo sulla Cinquecento gialla di Margherita, caricammo la tenda e la chitarra, e partimmo...

Chi suonava la chitarra?

Margherita. Era una professionista e veniva considerata la terza chitarrista classica in Italia. Suonava soprattutto musica spagnola antica e aveva tenuto molti concerti, anche all'estero. La chitarra per lei era qualcosa da cui non poteva separarsi.

Il nostro progetto era questo: a Milano prendiamo accordi con quelli del Cub Pirelli, poi andiamo in viaggio di nozze in montagna per qualche settimana e a Londra a trovare mia madre; in novembre torniamo a Milano per cominciare il «lavoro politico».

Verso le sei di un pomeriggio afosissimo arrivammo dunque alla Pirelli. Il nostro amico Raffaello e altri operai, avendo saputo che ci eravamo appena sposati, avevano organizzato una festa. Mangiammo, bevemmo, e a un certo punto io dissi: «Va bene, domani partiamo e ci rivediamo a fine novembre...». Mi guardarono tutti, sconcertati, come se avessi pronunciato chissà quale bestialità: «No», risposero, «non hai capito; qui tra due mesi può succedere di tutto; abbiamo i giorni contati; ai primi di settembre, quando riaprirà la fabbrica, inizierà uno scontro durissimo; dobbiamo affrontare il nuovo contratto aziendale e mille altre cose; se vuoi stare nelle lotte devi tornare molto prima». Margherita, che allora conosceva la situazione delle fabbriche meglio di me grazie alla sua tesi, si convinse.

Li lasciammo promettendo che non ci saremmo fatti aspettare troppo.

Portai Margherita a fare un bellissimo giro nelle montagne della mia infanzia, in Val Pellice. E avemmo fortuna: riuscimmo a vedere le poiane, le rarissime pernici bianche, e anche una splendida aquila che volava sulla cima del Monte Granero, di fronte al Monviso. Poi, per farle piacere, visto che lei amava molto anche il mare, puntammo a sud, verso le Tremiti. Arrivati sull'isola di San Dòmino piantammo la tenda vicino a una spiaggia, facemmo un bel bagno e andammo a dormire. Ma io, sarà stato per il caldo, per la mia insofferenza al clima marino, per il frinire delle cicale, non riuscii a chiudere occhio. Rimasi tutta la notte seduto fuori dalla tenda, nervosissimo. E quando mia moglie si svegliò le dissi che per me potevamo anche tornare a Milano.

Scoppiò a ridere, si butto in acqua e poco dopo risalimmo in Cinquecento. La sera stessa eravamo in piazza Castello dove festeggiammo con un frullato di frutta l'inizio della nuova vita. Era il 15 agosto.

Da mia madre, a Londra, non andammo. Lei si arrabbiò moltissimo e, forse in quel momento, si convinse che ero un figlio irrimediabilmente snaturato.

Avete mai progettato di avere un figlio?

Sì, era una cosa che sia Margherita che io desideravamo moltissimo. Non solo lo abbiamo progettato, ma lo abbiamo anche fatto, nel senso che poco dopo il nostro rientro a Milano mia moglie rimase incinta. Eravamo felici e studiavamo già come conciliare la nostra vita di futuri genitori con gli impegni politici. All'epoca la cosa non appariva ancora impossibile.

Al sesto mese, purtroppo, Margherita ebbe un incidente. Lei amava molto spostarsi in motocicletta e un giorno, in una strada di Milano, prese una buca che le procurò un contraccolpo violento. Si sentì male e all'ospedale dovette abortire. Fu per noi un momento molto doloroso, non facile da superare.

Non avete più riprovato?

Non fu più possibile, visto come precipitarono le cose. L'anno dopo eravamo già entrati nella semi-legalità e ci trovavamo in pieno scontro duro. Parlammo a lungo di quello che per noi rappresentava un problema personale importante, ma decidemmo che, con il tipo di vita che ormai facevamo, avere un figlio sarebbe stato un azzardo troppo grosso.

Dal momento in cui sono cominciate le Brigate rosse, nessuna vostra compagna ha avuto figli?

Negli anni successivi il tema dei figli è stato molto presente e anche molto discusso. Ci furono degli aborti che suscitarono parecchio dolore. Soprattutto le compagne si ponevano un problema di non poco conto: se la lotta armata clandestina dovesse durare molti anni – come sembrava possibile – ciò significa che la nostra militanza ci impedirà di avere dei figli? Era difficile trovare una risposta soddisfacente.

Non mi risulta comunque che nessun clandestino abbia avuto figli durante la sua permanenza nelle Br. Ricordo però che nel '73 la compagna di uno dei dirigenti della prima colonna milanese rimase incinta e ci disse che desiderava non rinunciare al bambino. Così la coppia ci chiese di poter uscire dall'organizzazione. Noi discutemmo del problema e, poiché i due non erano in nessun modo noti alla polizia, decidemmo che per loro era possibile il «ritorno alla normalità».

Fecero il figlio e vissero felici e contenti. Almeno lo spero.

VI

La svolta di Pecorile

Il viaggio di nozze è durato quattordici giorni: appena tornato a Milano ti sei subito immerso nel Collettivo politico metropolitano?

Il Collettivo non esisteva ancora. Si è formato verso metà settembre ed io ho contribuito in buona parte a farlo nascere.

A Milano riprendemmo subito le nostre discussioni con De Mori il quale ci spiegò le strategie delle prossime lotte operaie e ci introdusse in un vasto giro di operai e di tecnici della Pirelli, della Sit-Siemens e di varie altre fabbriche. Fu allora che incontrai per la prima volta Mario Moretti, Pierluigi Zuffada e Carletta Brioschi, che entreranno poi nelle Brigate rosse. Conobbi anche Gaio Silvestro, un ingegnere che era il leader del movimento dei tecnici della Sit-Siemens e lavorò con noi sino al momento in cui diventammo clandestini...

Cos'era il movimento dei tecnici?

Sulla scia di alcuni saggisti americani si era aperta in Italia, principalmente nel giro di Potere operaio,[1] una discussione sul fatto che anche i tecnici, cioè i «colletti bianchi», erano degli sfruttati e dovevano trovare una loro collocazione nella lotta di classe. Se alle catene di montaggio

[1] Gruppo extraparlamentare fondato nel 1969, i cui leader più noti sono stati Franco Piperno, Oreste Scalzone, Toni Negri.

«sporche» c'erano le tute blu, i tecnici cominciavano a capire di essere a loro volta presi nelle «catene bianche». E si mobilitavano per chiedere una diversa organizzazione del lavoro.

Insomma è in quel periodo che sei entrato in contatto con quel giro di giovani che poi costituiranno le prime Brigate rosse?

Sì, e non solo nelle fabbriche milanesi. Durante un mio viaggio a Reggio Emilia avevo conosciuto dei ragazzi che ruotavano attorno alla Federazione giovanile comunista: Tonino Paroli, che faceva l'operaio; Prospero Gallinari, che era contadino; Alberto Franceschini, che si dimostrò subito molto deciso. Un bel giorno, con quel suo sorriso malizioso, si presentò nell'appartamentino dove vivevo con Margherita, in viale Sarca, a cento metri dalla Pirelli, e ci disse: «Ho capito che il centro dell'Italia oggi è Milano e che bisogna fare lavoro politico qui: perciò eccomi, sono venuto per restare, trovatemi un letto...». E da quel momento rimase sempre con noi.

In quel periodo a Milano incontrai anche Corrado Simioni che lavorava in un collettivo studenti-operai e mi invitò a tenere una conferenza nella loro sede. Ero «uno che veniva da Trento», e quindi godevo di un certo prestigio: mi trovai davanti a un'assemblea di almeno cento giovani, tra operai, tecnici, insegnanti, studenti-lavoratori... Nacque una discussione molto accesa. E alla fine la mia proposta fu questa: «Ho conosciuto negli ultimi tempi molta gente di tanti collettivi diversi, sarebbe bello trovare un posto dove stare insieme per confrontare le nostre idee e aiutarci a vicenda».

La tua proposta venne accolta?

A furor di popolo. L'esigenza di «stare insieme» in quel momento era sentitissima. Così affittammo il vecchio teatro in disuso di via Curtatone, a due passi da Porta Romana, e fondammo il Collettivo politico metropolitano.

Il locale era un antro enorme e si trasformò presto in un

luogo gioioso dove si faceva un po' di tutto. Attraverso il tam-tam dell'estrema sinistra il nostro indirizzo divenne un richiamo e vi affluirono decine di collettivi eterogenei, cantanti, operai, tecnici, grafici, attori, insegnanti, musicanti di ogni risma. Insomma, un calderone vivace e bizzarro che mi divertiva molto e il cui pezzo forte, dal punto di vista politico, era il nucleo operaio del Cub Pirelli.

All'epoca, la parola d'ordine che avevo elaborato assieme a Rostagno era: «Portare gaiezza nella rivoluzione». E tutto ciò che facevo era in sintonia con questo principio.

Siete riusciti ad applicarla a lungo questa parola d'ordine?

Per alcuni mesi funzionò. Nel Collettivo si cantava, si faceva teatro, si tenevano mostre di grafica... Era una continua esplosione di giocosità e invenzione.

Fino al 12 dicembre del '69. Con la strage di piazza Fontana il clima improvvisamente cambiò.

Le bombe del 12 dicembre influirono molto sul vostro percorso?

Direi proprio di sì. Quel pomeriggio stavo andando a piedi nella sede di via Curtatone quando mi ritrovai circondato da poliziotti col mitra puntato: «Fermo, arrenditi».

Mi portarono in questura dove mi tennero chiuso in una stanza con altri malcapitati per un'eternità. Avevo orecchiato vagamente dell'esplosione e dei morti: fantasticavo, temevo una provocazione contro il Collettivo, non sapevo che fine avevano fatto gli altri compagni. Dopo cinque o sei ore, un funzionario mi chiamò: chiese se ero Curcio Renato e, senza interrogarmi, disse che potevo andare.

Nei giorni successivi la tensione in città fu altissima e la mia preoccupazione divenne spavento. Poteva succedere di tutto. Nelle strade e nelle piazze si gridava alla «strage di Stato» mentre il potere politico e la magistratura buttavano apertamente la responsabilità dell'atto terroristico addosso ai gruppi di estrema sinistra.

Fu a quel punto che scattò un salto di qualità: prima

nel nostro pensare e poi nel nostro agire. Queste bombe e la strumentalizzazione che ne viene fatta sono un atto di guerra contro le lotte e il movimento, dimostrano che siamo arrivati a un livello di scontro molto aspro, ci dicemmo. Si tratta di una svolta che ci lascia aperte solo due strade: mollare tutto e chiudere l'esperienza del Collettivo, che in questo nuovo clima non ha più senso; oppure andare avanti, ma attrezzandoci in modo del tutto nuovo.

Cosa significava «attrezzarsi in modo nuovo»?

Cambiare modo di ragionare e modo di organizzarsi. Nel Collettivo di via Curtatone poteva entrare chiunque, senza nessun tipo di controllo. Non prendevamo precauzioni, né contro eventuali intromissioni poliziesche, né contro le provocazioni fasciste. Non era più possibile andare avanti con quel candore.

Iniziammo lunghe discussioni che portarono a una serie di convulsi mutamenti. Verso la fine di dicembre, con un gruppo ristretto di una sessantina di «delegati» del Collettivo politico metropolitano, ci riunimmo nella pensione Stella Maris di Chiavari. Dopo due giorni di dibattito in una fredda saletta, decidemmo di trasformarci in un gruppo più centralizzato: che chiamammo Sinistra proletaria.

Uno dei problemi da affrontare era quello «dell'organizzazione della forza»: così avviammo un'intricata discussione sul ruolo e i metodi del servizio d'ordine, ossia di quel nucleo duro d'azione che ogni gruppo extraparlamentare aveva creato nel proprio interno. E nel documento elaborato al convegno di Chiavari, il cosiddetto «Libretto giallo», parlando dell'autonomia operaia introducemmo per la prima volta una riflessione sull'ipotesi della lotta armata.

Quando si parla di Sinistra proletaria non bisogna però fraintendere. Non si trattava di un vero e proprio gruppo chiuso, ma di una specie di conglomerato di centinaia di militanti raggruppati in una cinquantina di collettivi. Era ancora un'organizzazione eterogenea che raccoglieva le varie espressioni di movimento dei quartieri popolari, delle fabbriche, delle scuole, degli ospedali.

E dentro questo calderone nessuno cercava una definizione ideologica unitaria, ma ognuno portava il proprio bagaglio ideologico-culturale accumulato negli anni precedenti. Il che contribuiva a formare un puzzle abbastanza frantumato e confuso.

Sinistra proletaria produsse anche dei giornali.

Facemmo uscire due numeri di una rivista intitolata con lo stesso nome del gruppo. Ma la cosa più interessante fu la diffusione di una quarantina di «Fogli di lotta» dedicati ai vari temi che ci coinvolgevano: le fabbriche, lo sfruttamento degli operai, il ruolo dei tecnici, gli omicidi bianchi, le occupazioni delle case...

Tiravamo tremila, anche seimila copie di questi «Fogli» che venivano distribuiti al prezzo simbolico di dieci lire.

Come finanziavate questi giornali? Già facevate delle rapine?

Di rapine ancora non si parlava neppure. I soldi arrivavano dai contributi di alcuni artisti e intellettuali e, soprattutto, grazie all'autotassazione: tra le nostre fila c'erano molti tecnici dell'IBM, della Sit-Siemens, che guadagnavano bene e accettavano di versare nella cassa comune una fetta del loro stipendio.

Come siete arrivati alla decisione di passare alla lotta armata?

Non c'è stato un momento in cui qualcuno, a tavolino, ha decretato che si doveva cominciare a sparare e a compiere attentati. È stata una maturazione graduale e laboriosissima. Il processo è andato avanti sulla spinta delle esigenze contingenti e nel contesto di una violenza diffusa generale.

Comunque, volendo semplificare, si può dire che la

strada che ci ha condotti alla guerriglia è stata imboccata con il convegno di Pecorile del settembre '70.

Cos'è Pecorile?

Un paesino di sette case nell'entroterra di Reggio Emilia con una locanda-ristorante che i compagni della zona conoscevano bene. Invitammo a riunirsi lì un'ottantina di delegati dei vari collettivi che facevano capo a Sinistra proletaria.

Perché avete organizzato questo secondo convegno, pochi mesi dopo quello di Chiavari?

C'era l'esigenza urgente di risolvere le contraddizioni che erano maturate dentro Sinistra proletaria, dove gli orientamenti divergevano ormai in modo insanabile.

Il punto centrale da affrontare era la discussione sulla necessità di passare a nuove forme di lotta più incisive e clandestine. Una scelta alla quale Margherita, Franceschini, io e qualche altro compagno eravamo decisamente favorevoli. Ma che non poteva essere discussa in un'assemblea aperta a chiunque. Portammo così a Pecorile un gruppo più o meno selezionato.

Quale decisione venne presa a Pecorile?

Formalmente nessuna. In pratica però, durante quei dibattiti, capimmo che l'esperienza di Sinistra proletaria era finita.

Nessuno di noi prese la parola in mezzo all'assemblea di ottanta persone proponendo di passare alla lotta armata, ma tra alcuni gruppetti ristretti di compagni il tema che circolava era quello. Si trattava comunque di discorsi ancora astratti e vaghi, senza risvolti concreti e tantomeno proposte organizzative.

Parlammo invece apertamente della trasformazione del servizio d'ordine in un nucleo bene organizzato, capace di intervenire in varie città: lì dove lo scontro avesse richiesto una presenza dura.

Il servizio d'ordine doveva essere armato?

Non con armi da fuoco. Allora si usavano ancora le molotov, i bulloni, le spranghe.

Però in quel periodo una certa «presenza armata» cominciava a farsi strada nel movimento e spuntavano i primi gruppi armati: come il «22 Ottobre» a Genova e i Gap di Feltrinelli. Io già dal '68 mi incontravo ogni tanto con Giangiacomo Feltrinelli e discutevamo lungamente sui nostri rispettivi progetti.

Quello che intuii chiaramente a Pecorile fu che, una volta tornati a Milano, il nostro impegno di militanti avrebbe preso un'altra piega. Non sapevo ancora bene quale, ma sentivo che una scelta era imminente. E la mia scelta maturò presto nel clima teso degli scontri di fabbrica alla Pirelli.

La scelta della lotta armata e di creare quel gruppo ristretto che sarà le Brigate rosse?

Sì, ma c'è qualcosa che è bene chiarire. In quel momento il contenuto concreto della cosiddetta «lotta armata» era modestissimo. Bruciare le automobili dei capetti di fabbrica in pratica non significava quasi niente: le manifestazioni di piazza del movimento incendiavano ben altro che qualche vecchia Seicento. Il problema non era l'entità del danno provocato al nemico, ma la nuova posizione in cui queste azioni ci collocavano all'interno dei movimenti di lotta operai.

Il nostro discorso sulla lotta armata e i primi interventi di «propaganda armata» nacquero dall'impossibilità di proseguire con i vecchi metodi collettivi e assembleari, e dall'esigenza di dotarci di nuovi strumenti per far sentire la nostra presenza in una situazione di scontro sociale esasperato come quello di allora.

In pratica avete deciso di compiere attentati per far sapere che esistevate?

Non è esattamente così. I micro-attentati servivano a sottolineare la nostra presenza, ma anche a rendere più efficaci e credibili i discorsi politici che portavamo avanti attraverso il volantinaggio e il lavoro in fabbrica. E poi sentivamo che era necessario inventare qualcosa di nuovo.

Contrariamente a quanto è stato detto da qualcuno, non abbiamo voluto ispirarci alle azioni partigiane e neanche a quelle del movimento operaio tradizionale, sia pure rivoluzionario. Noi volevamo imparare dalle esperienze nuove che si agitavano nel mondo: guardavamo ai Black Panthers, ai Tupamaros, alla Cuba e alla Bolivia di Che Guevara, al Brasile di Marighela.[2] Per questo i racconti di Feltrinelli, che girava il mondo e intratteneva rapporti diretti con i leader di varie guerriglie, avevano un certo fascino ed erano indubbiamente interessanti.

[2] Carlos Marighela, fondatore del Partito comunista brasiliano filocinese, ucciso dalla polizia il 5 marzo 1969.

VII

Lo zainetto di Feltrinelli

Si può dire che Giangiacomo Feltrinelli è stato un tuo maestro?

Maestro mi sembra un termine eccessivo. Anzi sbagliato. Feltrinelli è stato un uomo curioso e vivace, a cui ero legato anche da affetto, che grazie ai mezzi e alle conoscenze di cui disponeva mi ha fornito delle cognizioni e delle informazioni non irrilevanti.

Come lo hai conosciuto?

Nella primavera '68 mi invitò a un dibattito nella sede della sua Fondazione di via Andegari, a Milano. Andai, portando con me Duccio Berio, e rimasi stupito di essere l'unico dell'università di Trento ad essere stato convocato in quel piccolo cenacolo: c'erano quattro o cinque ragazzi del movimento milanese, un paio di compagni tedeschi, due francesi di Gauche prolétarienne e un portoghese. Parlammo della situazione in Europa, del maggio francese, dei collegamenti tra studenti e operai. Feltrinelli mi chiese una relazione dettagliata sulle nostre vicende trentine. Niente di più. Quel primo incontro fu solo una presa di contatto e uno scambio di idee.

Quale è stata la tua prima impressione?

Mi sembrò un uomo simpatico. Mi piacquero le sue risate rumorose, il suo modo scanzonato di affrontare certi argomenti, la sua capacità di ascoltare.

Nell'agosto '69 tornai negli uffici della sua casa editrice per sottoporgli un mio studio sulla struttura sociologica dell'esercito italiano. Del mio dattiloscritto parlammo pochissimo, mentre discutemmo lungamente della situazione alla Pirelli e delle attività che avevo cominciato a svolgere a Milano.

Qualche mese dopo mi convocò nell'entroterra ligure, a casa di un vecchio partigiano suo amico. Ci rimasi un paio di giorni e fu lì che il nostro rapporto divenne più stretto. Voleva notizie precise sulla vicenda Pisetta che io avevo seguito da vicino come dirigente del servizio d'ordine del movimento studentesco trentino.

Marco Pisetta era una guida alpina che simpatizzava con gli ambienti marxisti-leninisti di Trento. Una volta, nel '68, mi venne l'idea di fare «qualcosa di concreto» contro la guerra nel Vietnam e pensai che non sarebbe stato male far saltare un piccolo presidio militare americano sul cucuzzolo della Paganella, a 2000 metri di altezza. Chiesi a Pisetta di accompagnarmi e lui accettò subito. L'azione si rivelò impossibile, ma ricordo il giorno della nostra arrampicata come una bellissima esperienza di montagna.

Un anno dopo, nell'aprile '69, lui fece esplodere per i fatti suoi degli ordigni nella sede dell'Inps, in un supermercato e vicino a una caserma dei carabinieri. Quando cominciarono a dargli la caccia, noi del movimento decidemmo di sostenerlo e nel nostro giornaletto lo presentammo come il primo «rivoluzionario» italiano latitante.

Mi occupai di aiutarlo ad organizzarsi la fuga. A Milano gli trovai una stanzetta, ma dopo un po' mi disse che «si sentiva solo». Allora lo introdussi nel giro di amici del Lorenteggio: lì c'era la «Bersagliera», c'era il vecchio «Bomba», un corpulento ex partigiano trasformatosi in ottimo cuoco, c'erano tante persone che intorno a piazza Tirana tessevano la loro pittoresca avventura esistenziale. In quell'ambiente Marco si trovò a suo agio e riuscì a rimediare vari lavoretti.

Feltrinelli era al corrente delle mie attività pro-Pisetta e mi disse che attribuiva molta importanza a questi aspetti, in genere troppo trascurati, della vita rivoluzionaria.

Ti parlò anche delle attività clandestine dei suoi Gap?

Non in quell'occasione. Mi chiese invece se ero interessato al dibattito sui problemi tecnico-organizzativi della lotta armata e mi fece avere degli opuscoli dei Tupamaros e il *Manuale della guerriglia urbana* di Marighela.

Poi, dal momento in cui cominciai a organizzare le Brigate rosse, alla fine del '70, i nostri incontri si infittirono. Lo vedevo in genere assieme a Franceschini, ma talvolta da solo. Gli appuntamenti erano fissati nei giardinetti di piazza Castello, da dove ci spostavamo in uno dei suoi tanti appartamenti più o meno segreti.

Ricordo che mi appioppò uno strano nome di battaglia: «Maglia gialla».

«Ma perché Maglia gialla?», gli chiedevo, «non porto mai niente di giallo».

«Lo so io perché, un giorno te lo dirò», mi rispondeva ridacchiando. Invece morì sul traliccio senza avermi spiegato quel soprannome.

Di ritorno da un viaggio a Cuba, mi annunciò che aveva incontrato vari rivoluzionari boliviani, uruguaiani e brasiliani i quali lo avevano informato delle loro esperienze di guerriglia urbana. Esperienze che lui era pronto a trasmetterci. E così ci tenne una serie di «lezioni».

Scuola di guerriglia?

In un certo senso. Capisco che è facile ironizzare, e su Giangiacomo si è ironizzato molto, ma il suo impegno era sincero e alcune sue indicazioni furono utili. Ci spiegò quali erano le tecniche per falsificare i documenti, per affittare degli appartamenti senza destare sospetti, quali dovevano essere le caratteristiche di un buon rifugio clandestino...

Per come lo conobbi, era realmente preoccupato dell'eventualità di una svolta golpista e si prodigò generosamente affinché la sinistra non si trovasse impreparata all'appuntamento con una situazione irreparabile. Faceva un'analisi della situazione italiana e internazionale da cui traeva la convinzione che era necessario preparare la guerriglia urbana anche in Europa. E poiché in Europa, come ripeteva sempre, una tradizione e una conoscenza dei metodi e delle strategie guerrigliere non esistevano, lui si candidava al ruolo di procacciatore di informazioni, procuratore di esperienze, pungolatore di iniziative. Non solo con noi brigatisti, ma anche con i compagni tedeschi della Raf e con i francesi.

Una volta ci regalò un paio di radio-trasmittenti che si era procurato in Germania e ci propose di fare delle trasmissioni pirata sul tipo di quelle che stava organizzando con Radio Gap, a Genova, Trento e Milano. Da un terrazzo della periferia milanese tentammo di inserirci nel segnale di un giornaleradio, ma riuscimmo solo a farci sentire per pochi secondi in una decina di appartamenti della zona. Un'altra volta ci portò i disegni e le specifiche tecniche per la costruzione di un bazooka che gli erano stati dati dai Tupamaros. Un'impresa alla quale non ci dedicammo mai, anche perché dopo qualche tempo queste carte vennero trovate dalla polizia in un nostro appartamento.

Nell'arco delle sue «lezioni», Feltrinelli un giorno intrattenne Franceschini e me sulla necessità di avere sempre pronto lo «zainetto del guerrigliero».

«Cos'è lo zainetto del guerrigliero?», domandammo sbalorditi. «È uno strumento di sopravvivenza che l'esperienza di guerriglia in America Latina e gli insegnamenti di Che Guevara indicano come indispensabile», ci rispose. «Deve essere sempre a portata di mano, in modo da permettere una fuga immediata, e deve contenere dei vestiti di ricambio, dei documenti, dei soldi, tutto il necessario per una latitanza cittadina. E anche un sacchetto di sale e dei sigari».

«Scusa», chiesi io, «ma perché il sale?» «Perché il sale in America Latina è un bene prezioso».

«Va bene, ma qui siamo a Milano, e il sale si trova ovunque». «Non fa niente, il sale è una tradizione del guerrigliero, ci deve essere».

«E perché i sigari?» «Perché Che Guevara diceva che il migliore amico del guerrigliero nelle ore di solitudine è il sigaro: anche questa è una tradizione, e va rispettata».

Naturalmente questa storia dello zainetto del guerrigliero si tramandò negli anni e divenne un po' il simbolo del ricordo di Feltrinelli. Per lungo tempo nelle valigette che tenevamo pronte per una fuga improvvisa molti di noi continuarono a mettere un po' di sale e dei sigari. Non Havana, ma semplici Toscanelli.

Anche sulla base di aneddoti come questo a Feltrinelli è stato appioppato il cliché del miliardario rivoluzionario un po' ingenuo e un po' esaltato, malato di estremismo infantile: ti sembra un giudizio fondato?

Un po' mattacchione lo era, nel senso che aveva un forte senso dell'umorismo. Non lo ricordo però come uno stupido o uno sprovveduto. Certo, il fatto di essere molto ricco non lo ha aiutato a scapolare tante malevoli ironie.

Ma il suo vero problema è stato un altro. Lui, secondo me, rappresentava coerentemente dei punti di vista politici che nel mondo venivano espressi da varie forze. Era portatore di un'idea guerrigliera di stampo guevariano della lotta armata, secondo la quale la creazione di nuclei combattenti doveva servire a propagandare le lotte e a conquistare progressivamente un fronte di simpatie e di sostegni. Credeva insomma nel ruolo dei piccoli drappelli di avanguardie. Il paradosso stava nel fatto che questa sua posizione strideva con quelle dei gruppi che gli erano più vicini. Una di queste era l'idea secchiana[1] della «resistenza tradita» espressa da molti ex comandanti partigiani con cui Feltrinelli aveva rapporti in Piemonte, in Ligu-

[1] Pietro Secchia, ex capo partigiano e dirigente del Pci, non ha mai rinunciato a immaginare un braccio armato comunista.

ria, in Emilia: fedeli alla tradizione comunista classica, questi compagni intendevano il passaggio alla lotta rivoluzionaria come un inveramento di vecchie prospettive abbandonate. C'era poi la posizione di Potere operaio, radicalmente diversa, che vedeva lo sviluppo delle lotte in un' ottica tutta legata alle fabbriche e al movimento operaio, il quale dal proprio interno doveva auto-organizzare dei nuclei capaci di allargare il loro potere. La terza posizione era la nostra, quella delle Brigate rosse, abbastanza vicina alla linea di Potere operaio dalla quale divergeva sostanzialmente solo sul modo di concepire il «braccio armato»: Potop pensava a una specie di doppio binario, un'organizzazione politica e un nucleo militare separati l'una dall'altro; noi rivendicavamo invece l'unità politico-militare sostenendo che i due elementi erano inscindibili e reciprocamente funzionali.

Così Giangiacomo si ritrovò praticamente solo. Preso in mezzo a discussioni e a sviluppi che non gli erano congeniali. Isolato, direi, dal suo stesso internazionalismo.

«Osvaldo»[2] è saltato per aria innescando un ordigno esplosivo sul traliccio di Segrate la sera del 14 marzo '72: quando lo hai visto per l'ultima volta e come hai saputo della sua morte?

Circa un mese prima. In quel periodo non ci incontravamo più molto spesso perché avevamo sviluppato dei rapporti diretti tra le Br e i Gap: in particolare quelli della Brigata Valentino Canossi che compivano sabotaggi nei cantieri edili dove avvenivano degli omicidi bianchi. Erano ragazzi dei quartieri proletari di Milano, soprattutto di Lorenteggio, che ruotavano attorno a Feltrinelli e poi, dopo la sua morte, si avvicinarono alle Brigate rosse.

La mattina del 16 marzo uscii con Margherita dal nostro appartamento di via Inganni e comprammo i giornali all'edicola sotto casa. Sul «Corriere della Sera» c'era la no-

[2] Uno dei nomi di battaglia di Giangiacomo Feltrinelli.

tizia del ritrovamento del corpo dilaniato e la foto dell'uomo che veniva indicato come Maggioni.

Rimanemmo subito colpiti perché si trattava di un attentato di cui non sapevamo niente e che non rientrava nel quadro abituale. Margherita guardò bene la foto e sfornando il suo intuito disse che le sembrava proprio Osvaldo.

Allertammo i nostri tam-tam. Cercammo di metterci in contatto con i Gap e i ragazzi della Canossi. Lì per lì, non fu possibile trovare nessuno. Così, quando venne la conferma ufficiale che il cadavere era quello di Feltrinelli, non sapemmo bene che pesci prendere. Il fatto però era clamoroso. Si trattava del primo morto nell'area dei compagni che cominciava a immaginare la lotta armata: come Brigate rosse non potevamo tacere. Decidemmo di accodarci alla versione della sinistra ufficiale e in un volantino scrivemmo che l'editore rivoluzionario era stato assassinato dalla borghesia imperialista attraverso qualche trama oscura.

Potere operaio invece pubblicò sul suo giornale un grande articolo in cui raccontava la verità: cioè che «il compagno rivoluzionario» Feltrinelli era morto in un incidente sul lavoro, mentre preparava un attentato.

È così. L'articolo di Potere operaio uscì qualche giorno dopo e inquadrò i fatti nella luce giusta.

Noi a quel punto decidemmo di compiere un'inchiesta approfondita per capire come erano andate le cose. Parlammo con Augusto Viel, uno dei dirigenti Gap, e rintracciammo «Gunther», un vecchio partigiano, braccio destro di Feltrinelli nelle sue ultime avventure, al corrente di tutto perché la sera del 14 marzo era andato anche lui a sabotare i tralicci. Antonio Bellavita, direttore della rivista «Controinformazione», con cui avevamo buoni rapporti, s'incaricò di raccogliere tutte le testimonianze per poi pubblicarle in un libro.

Ma non lo avete fatto. Qualche tempo dopo Bellavita, anch'io ho registrato tutta la ricostruzione della morte di Feltrinelli fatta da «Gunther»: un racconto che è poi stato pubblicato dall'«Espresso». Come mai voi non avete reso nota la vostra inchiesta?

La raccolta delle testimonianze fu un lavoro lungo e difficile perché i Gap erano allo sbando e, a parte «Gunther», le poche persone vicine a Feltrinelli durante le sue ultime azioni si erano date alla macchia, terrorizzate. Poi, una volta finita l'inchiesta, tutto il materiale è caduto in mano ai carabinieri quando, nel novembre '74, venne scoperto il nostro appartamento a Robbiano di Mediglia.

Comunque la versione dei fatti che avevamo accertato coincide esattamente con la ricostruzione che ti ha fornito «Gunther» e che è ormai ben nota.

Se Feltrinelli non fosse morto nel '72 sarebbe diventato brigatista?

Come potrei affermarlo? Come posso negarlo?

VIII

La lotta è armata

Dopo il convegno di Pecorile le tue intuizioni si avverarono. A Milano rapidamente cambiò tutto: Sinistra proletaria si sciolse, si formò il nucleo delle Brigate rosse, vennero compiuti i primi attentati. Ma voi agivate ancora nella semi-legalità, partecipavate a pubbliche assemblee, affittavate gli appartamenti a vostro nome: quando siete diventati un gruppo clandestino?

Circa un anno dopo. E quella di passare alla clandestinità non fu una scelta fatta liberamente, ma una strada obbligata per sfuggire al laccio che la polizia ci stringeva addosso. In pratica, diventammo clandestini perché stavamo per essere presi tutti.

Ma, prima di arrivare a quella svolta, ci furono mesi densi di avvenimenti e di attività: il lavoro di propaganda armata nelle fabbriche, la presenza sempre più ampia negli scontri sociali dei quartieri popolari milanesi, l'allontanamento del gruppetto dei «Super-clan», il nostro primo sequestro di persona.

Ricordo che in quel periodo non dormivo quasi mai, preso in un attivismo frenetico all'interno del quale le vere e proprie azioni di «lotta armata», cioè bruciare le macchine dei capetti di fabbrica e altre cose del genere, rappresentavano una porzione minima delle mie occupazioni.

Mi hai già parlato più volte dei quartieri popolari di Milano: a quali ti riferisci esattamente e in cosa consisteva la vostra presenza lì?

I quartieri in cui prima Sinistra proletaria e poi le Brigate rosse hanno avuto più agganci sono: il Lorenteggio, un vasto serbatoio proletario della vecchia Milano dove vivevano almeno centomila persone; Quarto Oggiaro, un quartiere-dormitorio sguarnito di servizi che alle otto di sera si trasformava in una landa desolata; il Giambellino, dove Margherita ed io abbiamo vissuto un certo tempo.

In queste aree si crearono delle situazioni favorevoli che andarono al di là delle nostre previsioni. Ci giunsero risposte entusiaste alle nostre proposte e un proliferare di richieste di lavorare con noi. A Quarto Oggiaro, per esempio, era molto pesante la presenza di bande fasciste organizzate attorno alla sezione del Msi: controllavano intere strade del quartiere, imponevano il coprifuoco ai ragazzi che non sottostavano alle loro pretese, aggredivano e bastonavano i compagni e ad alcuni incisero perfino delle svastiche sulla fronte con il coltello.

Un giorno gli squadristi fecero saltare la macchina del segretario della sezione del Pci. Noi individuammo rapidamente i responsabili e facemmo esplodere a nostra volta l'auto di uno di loro, tale Artoni. Tutto il quartiere sentì il botto. Quella volta usammo il plastico, ma fu l'unica. Decidemmo infatti di non servirci mai di esplosivo perché lo consideravamo uno strumento vile, simbolo del terrorismo indiscriminato, e, soprattutto, per non confondere la nostra immagine con lo stragismo fascista e di Stato.

Iniziative di questo tipo riscossero grande successo e attirarono attorno al nostro gruppetto centinaia di simpatizzanti. Poi vennero le lotte per l'occupazione delle case che ci videro spesso in prima fila e ci procurarono altre simpatie. Insomma, in quei quartieri le prime Brigate rosse non sono certo state qualcosa di misterioso e clandestino: conoscevamo migliaia di persone che sapevano bene quello che andavamo predicando e facendo. E che, all'occasione, ci chiamavano per esporci i loro problemi.

Il 25 aprile del '71 e del '72, al Lorenteggio e al Giambellino issammo sulle aste delle case popolari almeno duecento bandiere Br: rosse, con la stella gialla nel cerchio.

Erano bandiere cucite dalle mamme, le sorelle, le zie, le nonne di tanti nostri compagni del quartiere. I giornali ne parlarono, ma senza capire o voler capire. Ricordo che i cronisti, e anche i poliziotti, si chiedevano: ma che rappresentano queste bandiere che non sono del Pci, non sono dei sindacati e non somigliano a niente?

Al Lorenteggio dunque sventolano le bandiere Br e nei quartieri popolari la vostra fama si espande: questo significa anche nuovi reclutamenti e la crescita delle fila brigatiste?

Una crescita ci fu, ma quello che più ci interessava allora non era trasformare le Br in un gruppo molto più esteso e ramificato. Noi miravamo a un'organizzazione del potere rivoluzionario dal basso. Volevamo che nelle fabbriche e nei quartieri si strutturassero delle avanguardie in grado di consolidare autonomamente le loro capacità di lotta. In quel periodo eravamo tutt'altro che degli accentratori, tant'è vero che avevamo ottimi rapporti con i militanti di Potere operaio, di Lotta continua e di altre formazioni minori.

Proprio perché non era d'accordo su questo modo «aperto» di concepire le cose, un pugno di compagni si staccò da noi per andare a formare quello che definimmo il «Super-clan», cioè il gruppetto dei super-clandestini. Un episodio minore, ma che ha dato spazio a molte fantasie.

Qual è la vera storia di «Super-clan»?

Tutto cominciò da uno scontro di potere al convegno di Pecorile. Corrado Simioni arrivò con l'intenzione di conquistarsi una posizione egemonica all'interno dell'agonizzante Sinistra proletaria: pronunciò un intervento particolarmente duro e sostenne che il servizio d'ordine andava ulteriormente militarizzato. La sua operazione non riuscì, ma una volta tornato a Milano non si diede per vinto: senza avvertire nessuno propose ai responsabili del servizio e alle nostre «zie rosse» delle azioni illegali e degli attentati inconcepibili per un'organizzazione ancora inserita in un movimento molto vasto e, praticamente, aperto a tutti. Tra l'altro, si rivolse a Margherita per chiederle di piazzare una valigia di esplosivo sulla porta del consolato Usa di Milano.

A quel punto, Margherita, Franceschini ed io ci trovammo d'accordo nel giudicare le sue idee avventate e rischiose. Decidemmo così di isolarlo assieme ai compagni che gli erano più vicini: Duccio Berio e Vanni Molinaris. Li tenemmo fuori dalla discussione sulla nascita delle Brigate rosse e non li informammo della nostra prima azione, quella contro l'automobile di Pellegrini. Quando diffondemmo il nostro volantino di rivendicazione, Simioni venne da me e mi chiese: «Siete stati voi? Perché non mi avete fatto sapere niente?». Risposi duro: «Non mi interessa più discutere queste cose con te, non abbiamo opinioni in comune».

Lui capì che la rottura era definitiva e contraddicendo quanto poco tempo prima aveva predicato al nostro servizio d'ordine, mi ammonì sostenendo che saremmo stati rapidamente individuati perché non ci si poteva lanciare in azioni illegali senza prima aver creato un'organizzazione ristretta e ben compartimentata.

Dopo questa rottura che fece Simioni?

Da quel momento non lo vidi più. Con Berio e Molinaris, radunò un gruppetto di una decina di compagni, tra cui Prospero Gallinari e Françoise Tuscher, nipote del celebre Abbé Pierre. Si staccarono dal movimento sostenendo che ormai non erano altro che cani sciolti. C'erano però degli amici comuni che ci tenevano informati delle loro discussioni interne e conoscevamo il loro progetto di creare una struttura chiusa e sicura, super-clandestina, che potesse entrare in azione come gruppo armato in un secondo momento: quando noi, approssimativi e disorganizzati, secondo le loro previsioni saremmo stati tutti catturati una volta superata la caotica situazione di transizione in cui ci trovavamo.

Di fatto, per circa un anno, fecero solo chiacchiere in famiglia e poi si sciolsero. Anche perché, nel frattempo, le Br crescevano e loro rimanevano sempre più pericolosamente isolati.

Simioni però, in un'intervista al giornalista Sandro Acciari, ha raccontato le cose in ben altro modo: «Sulla scelta della lotta armata rompemmo con il gruppo di Curcio. Da un'analisi comune arrivammo a conclusioni opposte: il concetto di militarizzazione del potere portava Curcio a progettare una militarizzazione della lotta di classe... Noi invece abbiamo addirittura abbandonato la lotta politica perché pensavamo che la sola speranza fosse il superamento della violenza». Quale è la verita?

Indipendentemente dalle loro originarie intenzioni, di fatto quelli di «Super-clan» non imboccarono la strada della lotta armata. Questo è quello che conta. Per il resto, mi sembra più che comprensibile che Simioni abbia raccontato al giornalista una favoletta di questo genere, visto il clima di sospetto che gravava su di lui e sulla sua scuola.

Perché Simioni, Berio e Molinaris decisero di trasferirsi a Parigi?

In Italia la loro situazione si era fatta difficile. Alcuni loro compagni, come Gallinari, si erano avvicinati a noi. Da quello che ne so, la scelta di Parigi venne fatta per motivi pratici. La Tuscher aveva molte conoscenze in Francia. Non le fu quindi difficile trovare un grande appartamento e i soldi necessari per mettere su una scuola di lingue, l'Hypérion.

Alcuni magistrati hanno sospettato che proprio l'Hypérion celasse una centrale eversiva multinazionale. E Bettino Craxi ha più volte parlato di un «Grande vecchio» del terrorismo, lasciando intendere che poteva trattarsi proprio di Simioni che da Parigi tirava fili segreti. C'è qualcosa di vero in questo scenario?

Penso che, come si dice a Roma, siano tutte bufale. Noi

abbiamo interrotto ogni rapporto con quelli di «Superclan» prima ancora che nascessero le Br. In carcere ho avuto occasione di parlare lungamente con Molinaris, arrestato dopo il sequestro Moro: mi ha detto che tutti i sospetti su di loro si basavano sulle sciagurate chiacchiere che erano andati facendo all'epoca di Sinistra proletaria.

Quanto a Craxi, si è immaginato Simioni nei panni del «Grande vecchio» per il semplice fatto che lo conosceva bene dai tempi in cui avevano militato insieme nel Psi di Milano e, a ragione, lo considerava una persona intelligente, dall'astuzia machiavellica. Poiché il segretario socialista doveva senz'altro ritenere che nell'area della lotta armata non vi fossero delle menti eccellenti, gli sembrò logico che una persona come Simioni potesse verosimilmente essersi ritagliata una posizione di super-leader. Insomma, si tratta di una semplice fantasticheria basata su delle supposizioni.

Nell'intervista che ho già citato, Simioni ha anche detto: «La lotta armata in Italia è finita da quando hanno arrestato Curcio. Dopo è stata un'altra cosa: il trionfo della tecnocrazia militare... Curcio era un politico, mentre Moretti non lo è mai stato: era solo un tecnocrate, un uomo sorprendentemente privo di cultura, che alle idee ha sempre anteposto il fanatismo». Un giudizio lusinghiero nei tuoi confronti, ma severissimo nei riguardi del tuo successore. Vuoi dirmi se si tratta di una valutazione fondata?

Non è così. Moretti ed io abbiamo portato avanti nelle Br due politiche diverse. Il che non significa, come sostiene Simioni, che lui non fosse in grado di ragionare politicamente.

La verità è che a un certo punto, con la morte di Margherita, con il mio arresto e quello di Franceschini, nelle Brigate rosse si creò uno squilibrio improvviso tra componenti diverse, che sino a quel momento avevano lavorato completandosi a vicenda. È vero che Moretti aveva una cultura tecnica, ma ciò non basta a farlo bollare di incultura: tra l'altro è un profondo conoscitore della musica lirica...

Moretti come è entrato nelle Br?

Faceva parte del Comitato di base che aveva diretto le prime lotte alla Sit-Siemens e lo conoscevamo bene già dall'epoca di Sinistra proletaria. Un giorno della primavera '71, quando avevamo da poco cominciato le nostre «azioni dimostrative», Margherita, Franceschini ed io lo incontrammo al cancello della Siemens. Allora giravamo ancora tranquilli e frequentavamo i marciapiedi delle fabbriche. Moretti ci disse che le cose che andavamo facendo e predicando, ossia gli attentati alle auto dei capetti e le nostre proposte politiche, avevano avuto un certo successo nel suo ambiente e ci chiese di poter seguire da vicino le nostre iniziative. Così entrò gradualmente nell'organizzazione e fu lui che, poco più tardi, ci suggerì il sequestro dell'ingegnere Idalgo Macchiarini.

Dopo Moretti arrivarono a ruota Maurizio Ferrari, operaio al reparto «nerofumo» della Pirelli, e Alfredo Bonavita, saldatore specializzato, che venne a cercarci da Taranto, dove lavorava all'Italsider.

Dagli ambienti dei quartieri popolari milanesi, a voi così cari, chi venne assunto?

Il nostro punto di riferimento principale, fin dall'inizio, è stato Pierino Morlacchi: conosceva assolutamente tutti ed era un vero leader naturale del Lorenteggio. Quarto Oggiaro ci ha dato invece Arialdo Lintrami, operaio della Breda, e Valerio De Ponti, un ragazzo di sedici anni molto legato a Margherita. C'è stato anche un altro compagno di quel quartiere che ha avuto una funzione importante nella creazione delle Br, ma non lo posso nominare perché nel '74, per motivi personali, è uscito dal nostro gruppo e non è mai stato individuato.

Ma dopo le vostre prime azioni e i vostri primi volantini siglati Br, la polizia non vi cercava?

Sì, lo faceva e sapeva anche più o meno chi eravamo. Ma non riuscì a trovare niente contro di noi. Ricordo che, prima del sequestro Macchiarini, i poliziotti vennero varie volte a perquisire l'appartamentino dove abitavo con Margherita. Cercavano i volantini, il ciclostile, ma lì non c'erano. Per i nostri primi volantini usavamo una vecchia macchina ciclostile di Sinistra proletaria che tenevamo nascosta in uno scantinato alla Barona, dove gli inquirenti non sono mai arrivati.

Quello dell'ingegner Macchiarini, il 3 marzo 1972, è il vostro primo sequestro di persona: perché decideste di compiere questa escalation nella vostra strategia eversiva?

Ci rendevamo conto che non potevamo continuare a bruciare vecchie automobili e pneumatici Pirelli. Pensammo ad un gesto nello stile dei Tupamaros: un breve sequestro dimostrativo-punitivo di un personaggio simbolo particolarmente odiato. Da immortalare in una fotografia che avrebbe riprodotto in milioni di copie, su tutti i giornali, il nostro messaggio.

Macchiarini era direttore di uno stabilimento e responsabile della ristrutturazione aziendale, perciò bestia nera degli operai che nei cortei interni avevano più volte tentato, senza successo, di affrontarlo e «processarlo». Come era nostra abitudine, discutemmo a lungo prima di passare all'azione. Poi decidemmo che lo avremmo catturato e interrogato sulle questioni che stavano a cuore agli operai.

In quel primo sequestro è stata molto importante l'immagine della pistola puntata addosso al prigioniero. Noi avevamo riflettuto sul fatto che mostrare quell'arma nella foto polaroid significava, per la prima volta, «far vedere» un'impresa di lotta armata nell'Italia degli anni '70. In realtà, si trattava di un vecchio arnese rugginoso che, forse, non poteva neanche sparare. Ma la pistola in sé non era rilevante. Quello che contava era la sua immagine-messaggio diffusa da tutti i media: la lotta è armata.

A quel punto le Br erano veramente un'organizzazione armata? Cioè vi eravate procurati armi da fuoco e come?

Nel movimento qualche pistola era cominciata a circolare subito dopo la strage di piazza Fontana. Noi però, in un primo tempo, non abbiamo dato molta importanza alle armi anche perché non eravamo clandestini e vivevamo in appartamenti frequentati da moltissima gente, dove sarebbe stato impossibile nasconderle.

Comunque, l'armamento delle prime Br rappresenta una vicenda romantico-ideologica assai colorita. Le pistole e qualche raro fucile mitragliatore Mab erano residuati bellici conservati da compagni partigiani che ce li consegnarono spesso con cerimonie commoventi. Ho un ricordo tenero e malinconico di quei vecchi comunisti, ormai scomparsi, che vivevano l'amarezza della disillusione: «Noi abbiamo fiducia in voi», ci dicevano, «e la nostra speranza è che possiate riuscire lì dove siamo stati fregati». Consegnarci la pistola con cui avevano combattuto contro i fascisti, trent'anni prima, era come passarci un testimone.

Mi colpì profondamente uno di loro: aveva sessantacinque anni ed era stato partigiano nei monti del novarese. Mi mise in mano, commosso, una vecchissima pistola della guerra di Spagna: «Guarda, l'ho conservata per tanti anni, è ancora buona, stai attento però...». E insistette moltissimo per partecipare a un'azione assieme a noi. Dovetti faticare a lungo, anche contro me stesso, per dissuaderlo.

Torniamo a Macchiarini: fu difficile organizzare la sua cattura?

È stata un'azione alla quale abbiamo lavorato molto. Si trattava di prelevare una persona in mezzo alla città e trasportarla più rapidamente possibile in un luogo sicuro. Dovevamo studiare le varie tecniche. Ci fu di grande aiuto la precedente esperienza di una rapina compiuta a Milano...

Una rapina fatta da te?

Sì, una delle nostre primissime rapine di autofinanziamento. Con me agirono Margherita, Franceschini e molti altri compagni. Il nostro scopo era anche quello di studiare la tecnica con cui bloccare una persona in mezzo alla folla senza creare allarme. In quell'occasione il bersaglio fu il porta-valori di una banca che camminava a piedi in una via molto centrale di Milano.

L'operazione funzionò talmente bene che ci procurò dei problemi. Totalmente inesperti ed anche abbastanza timorosi, avevamo formato un gruppo decisamente sovrabbondante: vari operai della Pirelli sparpagliati sui marciapiedi e agli incroci, uno al volante dell'auto che avrebbe dovuto recuperarci in caso di necessità, io e un altro compagno col compito di abbordare il porta-valori e farci consegnare la sua borsa.

Nei giorni precedenti avevamo analizzato attentamente i movimenti del nostro uomo. E quella mattina, quando lo vediamo uscire, io lo accosto da destra e l'altro da sinistra. Lo prendiamo quasi a braccetto e, molto tranquillamente, gli dico: «Guarda, ci devi dare la borsa che hai in mano e senza fare un gesto perché siamo armati». «Sì, sì, per carità, non sparate», mormora lui. E subito ci passa la borsa. Continuiamo a camminare assieme per qualche passo: «Adesso noi andiamo avanti, ma tu non devi telefonare, non devi fare niente, finché non ci vedi sparire... Perché dietro a te ci sono dei nostri amici armati che ti sorvegliano». «Va bene, va bene...».

A quel punto ci sganciamo. La borsa contiene circa venticinque milioni che depositiamo a casa mia. Poi andiamo a piazzale Lodi dove dovevano confluire tutti i compagni che avevano partecipato all'azione. Aspettiamo un'ora, due ore. Non arriva nessuno. Siamo preoccupatissimi: vuoi vedere che è successo qualcosa di brutto dopo che ce ne siamo andati, pensiamo. Alla fine spunta uno della Pirelli che ci rivela i fatti: avevamo agito in modo talmente discreto e il porta-valori era stato così cauto dopo aver subìto la rapina, che nessuno si era accorto di niente. Neanche i nostri compagni sparpagliati per la strada che erano rimasti lì un sacco di tempo in attesa di un'azione già finita.

Questa esperienza servì per Macchiarini?

Molto, perché ci aveva fatto capire come muoverci tra la gente. L'ingegnere Macchiarini lo abbiamo preso all'uscita della fabbrica, in mezzo a tanti operai. Due compagni lo hanno avvicinato: «Non faccia un gesto, siamo armati, ci deve seguire e salire su quel camioncino». Era un furgoncino 850 Fiat. Lui ha obbedito. E le cose sono filate lisce. Venne tenuto per qualche ora dentro il furgone che continuava a circolare per Milano. Senza fargli nessuna violenza, gli dicemmo che lo avevamo catturato solo per farci spiegare alcuni aspetti della vita aziendale e delle ristrutturazioni che si andavano facendo alla Siemens. Lui era abbastanza impaurito e decise immediatamente di rispondere alle nostre domande. Quando venne il momento di puntargli addosso la pistola per scattare la polaroid, gli spiegammo che quel gesto «simbolico» non rappresentava minimamente una minaccia per lui. Per un attimo tremò, senza crederci, poi capì che gli stavamo dicendo la verità.

La foto del prigioniero con la pistola puntata alla testa e il cartello al collo è apparsa su tutte le prime pagine. Sul cartello, sotto la sigla Brigate rosse, avevamo scritto: «Mordi e fuggi. Niente resterà impunito. Colpiscine uno per educarne cento. Tutto il potere al popolo armato». Degli slogan di importazione, ma che diventeranno famosi anche in Italia.

Però dopo questo sequestro e dopo la morte di Feltrinelli, avvenuta qualche giorno più tardi, le indagini si intensificarono e la polizia ci arrivò praticamente addosso. Dovemmo scappare a gambe levate per non essere presi. E, da quel momento, ci trasformammo in clandestini.

Come arrivò a voi la polizia?

Seguendo Giorgio Semeria e avvalendosi della parziale collaborazione di Marco Pisetta.

Semeria era un compagno del Collettivo politico metropolitano, che quando fondammo le Br faceva il militare. Appena congedato ci chiese di lavorare con noi, ma, evidentemente, la polizia lo teneva d'occhio. Gli proponemmo di prendere un negozio in via Boiardo, dove volevamo creare una specie di base segreta attrezzata anche per poterci nascondere un sequestrato. Per i lavori di muratura e di ristrutturazione Semeria si fece dare una mano da Pisetta che, come ho già raccontato, era ricercato dalla polizia per gli attentati di Trento e mi aveva chiesto di aiutarlo nella latitanza.

Un giorno la polizia arrivò al negozio dove c'era solo Pisetta in veste di muratore. Gli inquirenti lo riconobbero e, poiché aveva sulle spalle accuse piuttosto pesanti, lo incastrarono convincendolo a collaborare. Ma lui non sapeva molto e non raccontò neanche tutto quello che sapeva. Appena rilasciato ci telefonò e ci disse: «Guardate, io ho dovuto parlare, ho raccontato queste cose, però queste altre non le ho dette; mi dispiace, non prendetemi per uno spione, ma mi avete messo in un bel guaio, non voglio farmi il carcere per colpa vostra...». E da quel momento sparì.

Le cose rivelate da Pisetta erano state comunque sufficienti per far individuare vari nostri appartamenti, dove la polizia tentò delle imboscate. Ma arrivò sul posto sempre un po' troppo presto o un po' troppo tardi. Una vicina di casa, un amico in zona, ci avvertirono ogni volta in tempo dei traffici polizieschi attorno alle nostre abitazioni. E riuscimmo a sgattaiolare tra le maglie della rete. Solo Semeria venne arrestato.

Avemmo fortuna, ma capimmo che dovevamo fuggire subito. Margherita, Franceschini, Moretti, Morlacchi, io e gli altri compagni del gruppo – allora nelle Br eravamo una dozzina, ma con attorno qualche centinaio di simpatizzanti – abbandonammo le case, le automobili, i vestiti, tutte le nostre cose e, praticamente senza una lira, scappammo da Milano.

Le forze dell'ordine in quel maggio del '72 sono state a un pelo dal prenderci tutti. Se lo avessero fatto, le Br sarebbero finite sul nascere. Invece, da quel momento, diventarono un gruppo armato, provvisoriamente allo sbaraglio, ma davvero clandestino.

IX

Ai cancelli di Mirafiori

Da Milano siete scappati tutti insieme?

Ognuno per i fatti suoi, oppure, come nel mio caso, a piccoli gruppi. Assieme a Margherita avevo appuntamento con Franceschini in piazza Napoli: «A casa nostra c'è la polizia», gli dicemmo, «l'abbiamo scampata per un pelo». «Sono arrivati anche da me», rispose lui. Così decidemmo all'istante di andare tutti e tre a prendere una corriera per il Lodigiano dove abitava un nostro compagno, Pietro Bertolazzi, all'epoca non ancora brigatista effettivo. Cammin facendo raccogliemmo anche Pierino Morlacchi, salvatosi pure lui dalla trappola grazie alla soffiata di un'anziana portiera.

Bertolazzi ci prelevò con una vecchia Millecento nella quale entrammo a stento: «La polizia ci insegue, siamo nelle tue mani, avrai una baracca dove farci dormire...». Ci portò in un suo vecchio casale a Pianello Valtidone, nell'entroterra piacentino. Dopo aver ripreso fiato e ristabilito qualche collegamento con gli altri tramite il nostro provvidenziale salvatore, che poteva circolare liberamente in quanto ignoto alla polizia, cominciammo a ragionare sul da farsi.

Braccati, isolati in un cascinale sperduto, che possibilità vi davate?

Questo è esattamente il problema sul quale iniziammo a riflettere e sul quale esitammo per tre mesi: fino al luglio '72.

Per un verso, la situazione era decisamente buia: morto Feltrinelli, i Gap praticamente spariti, sbaragliati i compagni francesi di Nouvelle Résistance, Andreas Baader, Ulrike Meinhof e gli altri militanti tedeschi della Raf quasi tutti arrestati... Una valutazione ragionevole ci spingeva a pensare che l'esperienza della lotta armata in Europa era più o meno fallita e non ci restava che tirare i remi in barca, finché eravamo in tempo.

D'altra parte però, proprio in quel periodo, le reazioni positive all'uccisione del commissario Luigi Calabresi diffuse nel movimento avevano creato un contesto favorevole alla lotta armata. E, soprattutto, ci arrivavano pressanti richieste di non mollare da parte delle fabbriche, Pirelli, Siemens, Alfa, dove eravamo stati attivi. Inoltre, un gruppo di operai della Fiat Mirafiori chiese di incontrarsi con noi.

Si trattò di uno stimolo decisivo. Andai a Torino con Margherita. Parlammo lungamente con due «delegati» i quali insistettero molto per convincerci ad aprire un nuovo fronte alla Fiat. «A Milano non potete più andare perché vi conoscono troppo», fu il loro ragionamento: «Allora, venite qui dove siamo in tanti e ben determinati a muoverci».

Tornati nel nostro rifugio – da Pianello ci eravamo trasferiti in una villetta vicino a Rimini – discutemmo sulla proposta e decidemmo di tentare di nuovo. Margherita ed io ci saremmo trasferiti a Torino, mentre Franceschini e Bertolazzi, dopo aver rintracciato Moretti che risultava ancora disperso, dovevano provare a rimettere in piedi l'organizzazione a Milano.

Nell'estate '72 arrivano dunque le Br alla Fiat.

All'inizio arrivammo solo io e mia moglie. Andammo ad abitare in un appartamento vicino allo stadio Filadelfia: la prima casa clandestina affittata con nome falso. Per alcuni mesi studiammo la situazione. Esaminammo la frastagliata geografia dell'auto-organizzazione operaia a Mirafiori. Stabilimmo contatti con Potere operaio, che era il gruppo extraparlamentare più presente in Fiat.

Verificammo di avere intorno a noi un'area operaia – l'unica che in quel momento ci interessasse – davvero molto incoraggiante e battagliera che ci indusse a una riflessione di tipo nuovo. Se vogliamo andare avanti su questo terreno, pensammo, dobbiamo modificare il modo di intendere la nostra presenza nella fabbrica e i rapporti con le altre componenti del movimento. Cominciò così la revisione del ruolo delle «brigate», dentro e fuori dalla fabbrica, e la suddivisione in «poli» e in «colonne» con la messa a punto di una vera compartimentazione da gruppo clandestino.

Quali sono state le vostre prime azioni a Torino?

All'inizio ci dedicammo a organizzare dei «fogli di lotta» praticamente quotidiani. Scritti dall'interno dei reparti, esaminavano il ciclo lavorativo e i suoi punti critici, informavano sulla crescita delle lotte operaie, lanciavano appelli e convocazioni per le assemblee. Ne distribuivamo molte centinaia, che venivano poi raccolti nei «diari di lotta» pubblicati dai giornali di controinformazione. Intanto, alcune «tute blu» vicine a Potere operaio, come Cristoforo Piancone e Luca Nicolotti, divennero nostri militanti. E passò con noi anche Angelo Basone, uno dei giovani dirigenti della sezione del Pci interna alla Fiat.

In quel momento la fabbrica torinese si avvicinava al suo ciclo di lotte più violente che sfocerà nella grande occupazione di Mirafiori dell'autunno '73. Il potere operaio in fabbrica si manifestava nei continui cortei interni che spesso si trasformavano in veri e propri scontri. I «fazzoletti rossi», gli operai più politicizzati e attivi, venivano individuati e puniti, con licenziamenti e trasferimenti, da odiatissimi controllori e capetti. Il sindacato giallo al servizio dei padroni era considerato il più subdolo nemico da battere. Noi lavoravamo soprattutto per tentare di sfaldare il sistema dei controlli e delle spie alle catene di montaggio e attorno ai cortei di lotta.

Nel clima bollente di quei giorni fu facile passare

all'azione vera e propria. Così anche a Torino bruciammo decine di automobili di spioni e provocatori. Inutile dire che questi micro attentati ci resero rapidamente popolari in una vasta fascia di operai Fiat. Tanto che, nel giro di brevissimo tempo, ci giunsero pressanti richieste di «fare qualcosa di più».

«Colpirne uno per educarne cento»: anche alla Fiat avete cominciato a organizzare sequestri dimostrativi.

Esattamente. Nel febbraio '73 preleviamo per strada Bruno Labate, capo del sindacato fascista Cisnal. Lo portiamo in un appartamento e lo interroghiamo per varie ore. Ci racconta il meccanismo col quale la Fiat assume del personale di destra per spiare gli operai contestatori e creare delle provocazioni. Il giorno dopo, con Margherita, Ferrari e Bonavita, riporto Labate in macchina davanti al cancello Uno di Mirafiori, al momento dell'uscita del turno. Davanti a centinaia di operai, lo facciamo scendere dall'auto, lo ammanettiamo a un lampione e gli mettiamo al collo il solito cartello. Poi, a viso scoperto, con calma, distribuiamo i nostri volantini Br e ce ne andiamo non senza suscitare qualche applauso. Labate rimane lì alla gogna fino all'arrivo della polizia, per più di un'ora, circondato dagli operai che gliene dicono di tutti i colori. E nessuno apre bocca per fornire indicazioni utili a identificarci.

A quel punto, l'area dei nostri simpatizzanti all'interno della Fiat era diventata veramente molto ampia.

Quali erano i tuoi rapporti con i dirigenti di Potere operaio che ruotavano attorno alla grande fabbrica torinese?

Nella differenza di posizioni, c'era tra noi un confronto aperto e una diffusa solidarietà. Ricordo di aver incontrato alcune volte Toni Negri nella lussuosa villa del suo amico Carlo Saronio,[1] vicino Torino. Era abbastanza criti-

[1] Simpatizzante di Potere operaio che sarà sequestrato dai suoi stessi compagni e morirà a causa di un'eccessiva dose di narcotico somministratagli.

co rispetto al nostro modo di concepire la clandestinità all'interno del movimento, ma la divergenza maggiore riguardava il giudizio sul Pci. Negri era molto severo con il Partito comunista che, a suo avviso, restava totalmente inserito nel sistema di potere dominante. Io e i compagni Br ci dimostravamo decisamente più elastici, non tanto per differenze ideologiche o di analisi, quanto per motivi pratici: al nostro fianco, in fabbrica, lavoravano molti operai ancora inquadrati nelle organizzazioni sindacali e nelle sezioni del Pci.

Noi non potevamo permetterci di maltrattare il partito di Berlinguer.

Le Br dunque si consolidano dentro la Fiat e decidono di compiere un'azione più impegnativa: il primo sequestro «lungo» di persona, quello di Ettore Amerio che viene tenuto prigioniero per otto giorni, dal 10 al 18 dicembre '73. Perché lui? E quale scopo vi eravate prefissi?

Alla fine del '73 alla Fiat e in altre fabbriche torinesi collegate disponevamo di una ventina di brigate composte ognuna da quattro o cinque uomini. Questi «regolari» avevano però attorno un'area di simpatizzanti formata da centinaia di operai.

Nell'autunno l'occupazione di Mirafiori rappresentò un avvenimento grandioso: continui cortei interni, tutti i reparti bloccati, i cancelli presidiati, sui muri perimetrali centinaia di bandiere rosse, l'intera fabbrica per tre giorni praticamente in mano agli operai. C'erano voluti più di dieci anni di crescita delle lotte autonome per arrivare a quel punto. In qualche modo il movimento dell'«operaio massa» – senza qualificazione, disaffezionato al lavoro, quasi sempre meridionale – portava a compimento il tragitto iniziato nel '62 con i primi scioperi non indetti dal sindacato e con gli scontri di piazza Statuto.

A quel punto la lotta per il rinnovo del contratto di lavoro dei metalmeccanici, la crisi energetica, le minacce di licenziamenti di massa, concorrevano a creare un clima esplosivo. E fu quel clima esaltante e i nostri successi precedenti che ci convinsero ad allungare il passo.

Scegliemmo il cavalier Ettore Amerio perché, come capo del personale della Fiat Auto e vecchio dirigente presente in fabbrica fin dai tempi di Valletta, rappresentava un simbolo del «padrone» ed era al corrente di tutti i segreti del reclutamento di quel serbatoio di spioni e di provocatori che avevamo eletto nostri diretti avversari...

Ma questa storia del reclutamento di personale di destra per spiare e provocare veniva smentita dai dirigenti Fiat: non poteva essere una balla? Voi che prove avevate?

Innanzitutto il meccanismo ci era stato confermato e descritto da Labate. Ma la certezza l'avevamo avuta con un nostro esperimento. Attraverso i canali da lui indicati, eravamo riusciti a fare assumere un ragazzo apparentemente spoliticizzato che era stato messo a lavorare alle fonderie: un posto infernale. Poco dopo il suo arrivo, il nostro amico venne cautamente avvicinato dai «capetti gialli» che gli proposero, in cambio di un miglioramento della sua condizione di lavoro, di controllare le «teste calde» e di fare rapporto sui discorsi orecchiati.

Insomma non avevate dubbi, Amerio era l'uomo giusto. Chi organizzò l'azione?

Il sequestro fu preparato da me, con Margherita, Ferrari e Bonavita, ma vennero ad aiutarci anche dei compagni della colonna milanese. Prendemmo Amerio la mattina, sotto casa sua, in pieno centro di Torino. Il solito «ci segua», «salga su quella macchina», poi i batuffoli di ovatta sugli occhi e tutto come da copione, senza problemi. Lo portammo in un appartamento dove avevamo preparato una piccola stanza insonorizzata. Non gli venne fatta nessuna violenza, anzi, poiché faceva freddo, gli comprammo degli abiti adatti.

Con un cappuccio in testa, fui io a interrogare il sequestrato. In realtà si trattò di lunghe chiacchierate. Gli chiedevo di raccontarmi la strategia aziendale, la tecnica dei controlli interni, i criteri di selezione nelle assunzioni. Lui cominciò a discutere anche di politica. Ma come, esclamava sinceramente sbalordito, la Fiat sta cercando di aprire delle fabbriche in Urss, lì le cose per noi vanno benissimo, non c'è mai uno sciopero, gli operai lavorano senza protestare. E voi mi dite che volete la rivoluzione per creare una società sul tipo di quella sovietica!

In certi momenti mi sembrava più perplesso e stupito che non amareggiato per la sua sorte. Io gli spiegavo che noi volevamo un sistema sociale capace di far vivere i principi ideali del Comunismo e non una società sul modello sovietico. Ma, in fondo, il povero cavalier Amerio non aveva tutti i torti quando mi ripeteva: «Proprio non vi capisco».

La sua liberazione era prevista sin dall'inizio? Avete chiesto qualcosa in cambio?

Certo che la sua liberazione era prevista. All'epoca l'eliminazione di un sequestrato non ci passava per la testa. Non ponemmo nessuna esplicita condizione al suo rilascio perché non volevamo esporci a un braccio di ferro che avrebbe potuto risultare perdente. In quel momento il problema più caldo alla Fiat era quello della cassa integrazione: nei nostri volantini lasciammo intendere che ci interessava una marcia indietro della direzione aziendale su questo punto. Quando un segnale in tal senso arrivò, lo considerammo una contropartita soddisfacente per il rilascio.

La mattina presto rimettemmo ad Amerio i suoi vestiti, gli riconsegnammo i suoi soldi e gli oggetti personali. Lo presi sotto braccio, gli dissi «adesso ti riportiamo a casa», e lo lasciai in un giardino pubblico vicino alla chiesa della Grande Madre.

Quell'azione clamorosa e non violenta fece salire alle stelle le quotazioni Br. Potere operaio e militanti di Lotta continua ci manifestarono il loro apprezzamento. Ma nei fatti il sequestro Amerio non ci servì ad ottenere un successo politico concreto nelle lotte operaie. E capii che bisognava spostare il tiro.

Che vuoi dire?

Che il rinnovo del contratto metalmeccanici venne firmato dai sindacati a condizioni ben diverse da quelle per cui le avanguardie di fabbrica avevano lottato.

Quella mattina alle cinque e mezzo ero a scaldarmi al fuoco davanti al cancello Uno di Mirafiori con decine di compagni operai. Quando arrivarono i militanti del Pci con «l'Unità» in tasca e vedemmo i titoli sulla firma del contratto, esplose una grandissima rabbia. I «fazzoletti rossi» si sentirono traditi. «Ma che schifo», urlarono, «noi occupiamo la fabbrica perché vogliamo che i padroni vengano qui a firmare il contratto davanti a noi, sotto i nostri occhi, e quei venduti del sindacato si mettono d'accordo dietro le nostre spalle, a Roma!». Bruciarono «l'Unità», cacciarono i comunisti dai cancelli, volarono colpi e insulti violenti. E, all'interno delle Br, si aprì un nuovo dibattito.

Noi a Torino, ma anche a Milano, fino a quel momento ci eravamo mossi su una linea totalmente operaia. Erano le grandi fabbriche, avevamo pensato, i luoghi privilegiati in cui verificare la nostra impostazione e far maturare le avanguardie rivoluzionarie. Invece, con quella sconfitta, ci rendevamo conto che anche il potere operaio non poteva crescere solamente su se stesso restando confinato all'interno delle fabbriche. Le decisioni «pesanti» venivano prese a Roma. Bisognava attaccare il serpente dalla testa. Alzare il livello del nostro scontro affrontando direttamente il potere politico: cioè le articolazioni centrali dello Stato e la stanza dei bottoni gestita dalla Democrazia cristiana.

Inizia così una nuova fase della nostra storia: l'attacco al cuore dello Stato.

X

Calabresi sarai suicidato

Nel maggio del '72, proprio nei giorni in cui stavate scappando da Milano, avvenne quel fatto clamoroso al quale hai accennato: l'assassinio del commissario Luigi Calabresi. Un omicidio che anticipa di parecchio le future scelte di morte della violenza sovversiva. Voi, come gruppo che si stava avviando alla lotta armata e alla clandestinità, sicuramente non potevate non interessarvi a quell'avvenimento. Che accertamenti avete fatto e cosa avete saputo?

Come hai ricordato, l'omicidio Calabresi capitò in un momento particolare della nostra esistenza: quando, con l'acqua alla gola, eravamo in fuga. La notizia ci colse totalmente di sorpresa. Negli ambienti che frequentavamo non avevamo avuto nessun sentore che si stesse preparando qualcosa del genere. Si trattava di un'azione dirompente che ci preoccupò parecchio perché poteva avere conseguenze gravi e anche imprevedibili. Quale sarebbe stata la reazione repressiva nei confronti del movimento e dei gruppi dell'ultra-sinistra? Era un'iniziativa isolata o preludeva ad altri episodi di quel tipo? Queste domande ci coinvolgevano direttamente.

Comunque, capimmo subito che si trattava di un gesto compiuto da appartenenti a un'area della sinistra molto vicina alla nostra. Un atto «giustizialista» che raccoglieva evidentemente tutte le tensioni espresse nelle manifestazioni di piazza e nelle campagne di stampa contro Calabresi «assassino» di Pinelli. «Calabresi, fascista, sei il primo della lista»; «Calabresi boia»; «Calabresi sarai suicidato»: in quei giorni erano stati decine di migliaia i giovani del movimento, di Lotta continua, di Potere operaio e di tutti i vari altri gruppuscoli extraparlamentari a sfilare per le strade di Milano chiedendo la testa del commissario. E tutti i fogli dell'estrema sinistra, «Lotta continua» in testa, avevano pubblicato violenti attacchi contro Calabresi assunto a simbolo della violenza poliziesca...

Ma avete cercato di capire chi aveva organizzato l'assassinio?

Non subito, perché avevamo preoccupazioni più urgenti riguardanti l'organizzazione della nostra sopravvivenza. Però, circa quattro mesi dopo, una volta tornati a Milano, ci siamo dati da fare per sapere chi c'era dietro quell'azione. Per noi era molto importante capire se si stava organizzando un'altra formazione armata parallela alla nostra, di cui non avevamo saputo niente. Una formazione, per di più, che aveva l'aria di concepire la lotta armata in modo radicalmente diverso da noi: partendo subito con un'operazione ad altissimo livello e senza rivendicarla.

Gli accertamenti apparvero subito difficili. Cercammo di raccogliere informazioni negli ambienti di Lotta continua, di Potere operaio, dei gruppetti marxisti-leninisti e anarchici. Il tipo di atteggiamento di fronte al quale ci trovammo fu più o meno di questo tipo: «È un'azione che viene dall'interno dei gruppi e del movimento», ci venne detto: «Sappiamo di chi si tratta... Ma visto che non è stata rivendicata, è meglio lasciar perdere...». E le parole sfumavano nel vago.

Ci avete creduto? Vi siete contentati di questo?

In parte sì. Avevamo capito quello che più ci interessava: cioè che non si stava organizzando nessun gruppo stabile di lotta armata parallelo alle Brigate rosse. L'uccisione di Calabresi era stata un gesto giustizialista occasionale, nato nel clima di mobilitazione generale di quel momento.

D'altra parte bisogna ricordare che nel '72 mezza sinistra extraparlamentare milanese aveva delle armi e si finanziava con le rapine. Non solo noi delle Br. I servizi d'ordine di gruppi come Lotta continua e Potere operaio, per esempio, avevano dei militanti che si muovevano anche nell'illegalità armata. La decisione di passare dalle rapine in banca all'esecuzione del «boia» Calabresi poteva essere stata presa da una qualsiasi di quelle frange estreme.

Voi brigatisti, in quegli anni, avete avuto qualche rapporto con i servizi d'ordine dei gruppi extraparlamentari?

Nessun rapporto organizzativo e operativo. Ma c'era comunque un'amicizia tra compagni di base che lavoravano fianco a fianco nelle fabbriche e nei quartieri.

Proprio sulla questione del servizio d'ordine, con Lotta continua ci fu però una specie di incontro-scontro. Nel '71, quando avevamo da poco cominciato le nostre azioni contro i capetti della Pirelli e della Sit-Siemens, molti compagni di Lotta continua – che allora era il gruppo più attivo nelle fabbriche di Milano – si avvicinarono a noi e qualcuno entrò nella nostra organizzazione. Un travaso che impensierì parecchio i dirigenti della formazione extraparlamentare. Tanto che, a un certo punto, da parte loro ci arrivò la richiesta di un colloquio per discutere lo sviluppo dei nostri rapporti. Mi incontrai con due loro dirigenti, Giorgio Pietrostefani, responsabile del servizio d'ordine, e Ettore Camuffo, un compagno di Trento che avevo conosciuto all'epoca dell'università. Volevano sondare le possibilità di un'eventuale ipotesi di «fusione». O, meglio, la nostra disponibilità a confluire nel loro gruppo.

Lotta continua è un'organizzazione politica forte a livello nazionale, mi dissero in sostanza, mentre le Br sono un gruppetto senza grandi possibilità di sviluppo. Venite con noi e fate quello che sapete fare meglio: organizzate il nostro servizio d'ordine. Si trattava in pratica della proposta di diventare il loro «braccio armato». Io non me la sentii di reagire subito e risposi che avrei discusso della cosa con i miei compagni.

Ci riunimmo e fummo subito tutti d'accordo nel dare una risposta dura a quello che, ai nostri occhi, appariva come un insulto. Venne stabilito che al successivo incontro sarebbe andato Franceschini, dotato assai più di me di vis polemica e aggressività. Quelli di Lotta continua ripresentarono la loro proposta aggiungendo che qualcuno di noi – fecero il mio nome – sarebbe anche potuto entrare a far parte della loro direzione politica. Nel caso in cui non avessimo accolto l'invito, ci avvertirono che avrebbero aperto una decisa polemica contro di noi perché, a loro giudizio, non era più possibile «accettare tutto il caos che andavamo creando nelle fabbriche».

Da quello che mi ha riferito Franceschini la discussione sfociò in uno scontro verbale violento, forse anche fisico. Scandalizzato e incazzato, il «Mega»[1] urlò che le Br non erano galoppine di nessuno e che se ci battevamo era perché avevamo un nostro credo politico da portare avanti.

A quel punto terminò ogni dialogo con i dirigenti di Lotta continua. Ma i rapporti con i loro militanti di base presenti nelle fabbriche rimase ottimo e alcuni di loro continuarono a confluire nelle Br.

XI
Il cuore dello Stato

Il primo rappresentante del «cuore dello Stato» con cui ve la prendete è un magistrato: il giudice genovese Mario Sossi...

Non era un giudice qualsiasi. Era democristiano, reazionario e non si può dire che godesse immeritatamente di una pessima fama. Da molti veniva soprannominato «dottor manette» e accusato di aver manipolato l'istruttoria contro il gruppo genovese «22 Ottobre», uno dei primi ad aver imboccato la strada della lotta armata.

Almeno nelle intenzioni, il «22 Ottobre» si riferiva a modelli d'organizzazione ripescati dalla tradizione partigiana e si proponeva di suscitare una resistenza armata contro le spinte fasciste che, a suo dire, caratterizzavano la risposta padronale alle lotte per il rinnovo dei contratti di lavoro del '69-'70. Una certa grossolanità organizzativa e l'avventatezza nei progetti di esproprio, tuttavia, aveva consentito a personaggi molto ambigui, come il missino Diego Vandelli, e a figure dai contorni politici sfuocati, come Gianfranco Astara e Adolfo Sanguineti, d'infilarsi nel mucchio. Strumentalizzare queste debolezze e questi errori fu un gioco facile per il giudice Sossi, il quale cercò anche di estendere il suo lavoro di criminalizzazione a tutta la nascente area della lotta armata.

Noi avevamo l'esigenza di compiere subito un'azione che desse il segnale del nuovo orientamento. Allora decidemmo per una soluzione non troppo difficile, ma ben mirata. Il magistrato genovese era una buona incarnazione della giustizia asservita al potere politico democristiano e il suo sequestro ci sembrò la mossa giusta per alzare il tiro senza affrontare rischi eccessivi.

Questo sequestro ripercorre i copioni precedenti?

Fu un'azione più complessa che mobilitò un gran numero di brigatisti. Per la prima volta adottammo lo schema di tre nuclei rigidamente compartimentati per le diverse fasi del sequestro: un primo nucleo addetto alla cattura, un secondo responsabile del trasporto fino alla prigione-nascondiglio e un terzo con l'incarico della sorveglianza e dell'interrogatorio durante la detenzione.

Con Margherita, Franceschini, Bonavita, Ognibene, Ferrari e altri lavorammo a lungo alla messa a punto dell'operazione, compiendo numerosi viaggi a Genova. Individuammo la casa di Sossi, lo pedinammo, memorizzammo i suoi itinerari e le sue abitudini.

Io facevo parte del primo nucleo, quello che doveva catturare il giudice. Decidemmo di agire nel momento in cui rientrava a casa. Non era un'impresa semplice perché abitava a fianco del Forte di San Giuliano, una grande caserma dei carabinieri, dove il minimo intoppo avrebbe potuto creare grossi problemi. Ma stabilimmo di catturarlo proprio lì per sottolineare la nostra efficienza.

La sera del 18 aprile '74 eravamo in otto a presidiare la zona. Con la tecnica di sempre, due di noi gli si avvicinarono: «Salga in quella macchina, abbiamo la pistola...». Non fece storie, tutto filò liscio, nessuno si accorse di niente. Dopo pochi chilometri, alla periferia di Genova, lo consegnammo al secondo nucleo e il nostro intervento finì lì.

Che obiettivi specifici vi eravate posti?

Più o meno quelli che di fatto abbiamo raggiunto: mostrare le contraddizioni esistenti all'interno del sistema politico-giudiziario, scardinare i collegamenti tra le diverse strutture dello Stato, far emergere l'incapacità del governo di gestire in modo «leale» lo scontro, ossia mantenendo fede agli atti giudiziari decisi dai suoi stessi organi istituzionali. Poi avevamo un obiettivo interno: quello di creare un nostro fronte di intervento anche a Genova, conquistandoci sul posto una certa area di consensi.

Il sequestro venne compiuto alla vigilia del referendum sul divorzio e all'epoca tutta la sinistra, Partito comunista in testa, vide una correlazione tra i due fatti: vi accusò di essere dei provocatori al servizio dello schieramento conservatore. Nel momento in cui avete programmato quell'azione avevate in qualche modo pensato anche al referendum?

Ovviamente sapevamo che c'era il referendum sul divorzio, nel senso che vivevamo in Italia e non sulla luna. Ma non abbiamo mai pensato che il sequestro del giudice Sossi potesse incidere negativamente sulle sorti di quella consultazione. E i fatti ci hanno dato ragione: il divorzio è passato a gonfie vele dimostrando la stupidità della valutazione del Pci sul rapporto tra un'azione armata Br e una votazione referendaria.

Quelle erano fantasie dietrologiche tipiche del Partito comunista e del giornalismo grandi firme di quegli anni. Di fatto, noi abbiamo compiuto l'azione in quel momento perché l'abbiamo legata all'esito negativo delle lotte alla Fiat e alla nostra esigenza di aprire un terreno di scontro diverso, fuori dalle fabbriche, oltre i confini del mondo operaio.

Gli sviluppi del sequestro Sossi sono piuttosto noti. Lui, pavido e impaurito, collaborò in pieno, raccontò dei loschi traffici di Umberto Catalano, capo della squadra politica della Questura di Genova e uomo di mano di Paolo Emilio Taviani, delle inchieste insabbiate, dei processi politicizzati e truccati, delle oscure manovre attorno al rapimento del ricco genovese Gianfranco Gadolla... Le confessioni scritte di suo pugno e i suoi divertenti disegnini arrivarono addirittura sulle pagine dell'«Espresso».

D'altra parte, la nostra richiesta di liberare i detenuti del «22 Ottobre» sembrava essere stata accolta dalla Corte d'Assise d'Appello di Genova che aveva concesso la libertà provvisoria. Poi bloccata con un arrogante voltafaccia dal procuratore generale della Repubblica, Francesco Coco.

Ricordo che in quei giorni, assieme a Franceschini, contattai una persona che avevamo conosciuto negli anni '68-'69 a Milano: una specie di ambasciatore itinerante del Vaticano che aveva buoni rapporti con il governo di Cuba. Lo incontrammo in una chiesa di Roma per chiedergli di appurare se l'ambasciata cubana era disposta ad accogliere i detenuti del «22 Ottobre» dopo la loro eventuale liberazione. In un secondo incontro ci comunicò che l'ambasciata presso lo Stato italiano, in seguito a un duro intervento del Pci, aveva risposto negativamente; mentre invece la delegazione presso la Santa Sede aveva lasciato intendere che la cosa poteva essere possibile. Nel caso in cui i compagni del «22 Ottobre» fossero stati rilasciati, il nostro «amico» precisò che sarebbe stato disposto lui stesso ad accompagnarli nella sede extraterritoriale della delegazione cubana, da dove poi avrebbero potuto proseguire per una destinazione all'estero.

Ovviamente il progetto non ebbe seguito perché Coco fece saltare all'ultimo istante la concessione di libertà provvisoria. Credo però che proprio da questo episodio isolato – il personaggio della Santa Sede da noi contattato in quell'occasione era conosciuto solo da Margherita, Franceschini e me, e non venne mai più avvicinato – sono nate le successive leggende di collegamenti tra Brigate rosse e ambienti del Vaticano di cui si è favoleggiato anche durante il sequestro Moro.

Con Sossi eravamo comunque riusciti a creare un gran subbuglio e a far esplodere in bella vista i contrasti tra i diversi poteri dello Stato. Un risultato che ci sembrò contropartita sufficiente al rilascio del timoroso prigioniero.

Tanto più che, un paio di settimane dopo che il giudice si trovava nelle nostre mani, nel carcere di Alessandria era scoppiata una rivolta e un gruppo di detenuti aveva preso alcuni ostaggi. Carlo Alberto Dalla Chiesa con il suo reparto speciale di carabinieri aveva attaccato i rivoltosi facendo una carneficina: sette morti. E quando la sanguinosa vicenda venne in qualche modo giustificata col pretestuoso argomento che era colpa delle Br se i detenuti si ribellavano, molti si augurarono che quel massacro potesse servire anche da deterrente per i «carcerieri di Sossi». In quel clima preoccupante ci sembrò che evitare spargimenti di sangue fosse di vitale importanza. Tutti noi, credo, eravamo sinceramente convinti che per un gruppo guerrigliero in fase di espansione, quale ci ritenevano, fare dei morti fosse una cosa sbagliata e controproducente.

Franceschini nel suo libro sostiene invece che «il sequestro Sossi fu la prima azione in cui le Br avevano previsto la possibilità di uccidere l'ostaggio». Eravate o no arrivati al punto in cui la morte entrava nei vostri programmi?

Non ci saremmo certamente imbarcati in un'operazione di quel genere se non fossimo stati determinati all'uso eventuale delle armi. Ma prevaleva la convinzione che riuscire a farne a meno sarebbe stata una dimostrazione di forza e di abilità. Prevedere un ostacolo e fare in modo di evitarlo ci sembrava un comportamento più economico e intelligente che non dover rimuovere quell'ostacolo dopo averci sbattuto contro.

A quell'epoca cercavamo ancora di mantenerci in un equilibrio sottile e paradossale: compiere azioni armate concepite in modo tale da non comportare l'uso effettivo delle armi.

L'incontro delle Brigate rosse con la morte avviene comunque poco dopo il rilascio del giudice genovese: il 17 giugno '74 a Padova, nella sede del Movimento sociale di via Zabarella, alcuni vostri militanti sparano e uccidono due missini.

Quelle di Giuseppe Mazzola e Graziano Giralucci non furono morti programmate: giunsero improvvise, inattese, imbarazzanti. Come cinicamente è stato detto, si è trattato di un «incidente sul lavoro». L'azione di via Zabarella non aveva niente a che vedere con ciò che le Br stavano facendo, non rientrava nei nostri piani. Noi ormai puntavamo al «cuore dello Stato», cioè alla Democrazia cristiana. Non vedevamo più nei fascisti un pericolo reale ed anzi contestavamo a quelle parti di movimento ancora impegnate nel cosiddetto «antifascismo militante» di essere fuorviate da una cultura post-bellica, tutto sommato di comodo, arretrata e mascheratrice.

L'incursione nella sede padovana del Msi per cercare qualche documento collegato alla strage di Brescia fu l'iniziativa autonoma di un gruppo di compagni veneti che ruotava attorno al Petrolchimico di Marghera e alla Breda siderurgica. Il clima di quei giorni può fornire una certa spiegazione dell'episodio pur senza giustificarlo: i morti e i feriti della strage di piazza della Loggia,[1] aggiungendosi a quelli di tutte le altre stragi precedenti, avevano suscitato una grande commozione e indignazione; immaginare una perquisizione in una sede missina, anche se non rientrava nei progetti delle Br, era in sintonia con le forti tensioni presenti in ampi settori del movimento.

Comunque, si è trattato di un'azione organizzata malamente e sfortunata. Durante la perquisizione ci fu uno scontro imprevisto con i missini e uno dei nostri compagni, per evitare che gli altri venissero sopraffatti e catturati, sparò e uccise.

Come hai reagito a quel duplice omicidio? Ti sei reso conto che poteva rappresentare una svolta drammatica per la vostra organizzazione?

Ero a Torino e lessi la notizia sul giornale. Pensai che si trattava di un'azione di antifascismo militante compiuta dall'area dura del movimento veneto in reazione alla strage di Brescia. Ma presto dovetti ricredermi perché la co-

[1] Il 28 maggio 1974 in piazza della Loggia a Brescia, una bomba piazzata dentro un cestino dei rifiuti fece otto morti.

lonna milanese mi chiese un contatto urgentissimo. Incontrai Franceschini il quale mi informò che, purtroppo, quel pasticcio di via Zabarella era nostro. Leggevo la preoccupazione sul suo volto e certo non riuscivo a nascondere la mia. Rimasi sbalordito. Che fare? Dire o non dire che eravamo stati noi?

Ne discussi con Margherita, Moretti, Franceschini e altri. Il clima in giro era bollente: una certa fetta del movimento applaudiva all'azione sostenendo che i fascisti colpevoli delle stragi andavano ammazzati. Nelle manifestazioni di piazza, dopotutto, anche molti di coloro che oggi, quando si parla di quei tempi, fanno i santarelli, gridavano a squarciagola: «Uccidere i fascisti non è reato; questa è la giustizia del proletariato». Mi preoccupai moltissimo. C'era il rischio di stravolgere l'immagine delle Br, pazientemente costruita per quattro anni, riducendola a quella di un gruppo di scalmanati che dava ordine di andare ad ammazzare la gente nelle sedi missine.

Non nascondo che la tentazione di non rivendicare l'episodio c'è stata. Tanto più che dal Veneto ricevemmo sollecitazioni in questo senso: il fattaccio, ci veniva suggerito, avrebbe potuto anche essere interpretato come una faida interna tra fascisti. Una simile scappatoia però non mi convinse, e anche gli altri furono d'accordo con me: non potevamo esporci al rischio di venire, domani, scoperti come autori di un gesto che non avevamo avuto il coraggio e l'onestà di rivendicare.

Decidemmo così di scrivere un documento il cui succo era questo: l'azione di Padova è delle Br, ma non è stata programmata dall'organizzazione perché la nostra linea politica è un'altra; non poniamo al centro della nostra attenzione i fascisti e tanto meno sosteniamo che vanno ammazzati; i fascisti non sono il vero nemico e, se anche avessero qualcosa a che vedere con la strage di Brescia, il loro ruolo non può essere che secondario; la responsabilità di questo tipo di stragi va ricercata anzitutto all'interno dello Stato.

Ma tu in qualche modo pensavi che ammazzare potesse rientrare nei progetti delle Brigate rosse?

I morti di via Zabarella, come ho detto, li considerai subito un disastro politico, un errore molto grave. L'idea di uccidere consapevolmente in quel periodo la escludevo: ritenevo che per il nostro tipo di organizzazione sarebbe stato un passo controproducente e negativo.

Devo però ammettere in tutta sincerità che nell'ottica dello sviluppo della lotta armata il fatto che vi potessero essere dei morti, sia fatti da noi che fatti a noi, era un'eventualità che avevo senz'altro accettata. In piena coerenza con il pensiero e l'esperienza del marxismo rivoluzionario, anche io ero convinto che il prezzo della morte, per quanto tragico, fosse una necessità nel passaggio a una società senza oppressione.

La guerra di classe come ultima guerra: era questa l'idea che stava a fondamento della nostra morale rivoluzionaria. Un'etica, quella brigatista di allora, che, forse ingenuamente, accettava il ricorso alla violenza politica come soluzione estrema per conquistare una società utopica dove la violenza sarebbe stata bandita definitivamente. Qualcosa di meglio, a mio avviso, dell'etica oggi generalmente accettata – dai padri della Repubblica italiana e dal coro delle Nazioni Unite – la quale giustifica il ricorso alla violenza armata contro interi popoli in nome del cosiddetto «diritto internazionale» che, di fatto, altro non è che il diritto del «Principe», ossia del più forte. Se è vero che la concezione della violenza che stava alla base dell'operato delle Brigate rosse può essere messa in discussione, nondimeno può essere discussa quella concezione della violenza strumentale che ci portiamo appresso dall'epoca del Machiavelli.

Sarebbe disonesto da parte mia dire: io non volevo fare morti. La morte non rientrava negli obiettivi politici di allora, ma non escludevo che le nostre azioni o eventuali conflitti a fuoco avrebbero potuto farcela incontrare.

Due anni dopo, invece, la morte entra «consapevolmente» negli obiettivi politici delle Br: l'8 giugno '76 viene assassinato a Genova il giudice Francesco Coco ed è il vostro primo omicidio deciso a freddo. Come hai valutato questo «salto di qualità» della strategia brigatista?

Mi trovavo in cella di isolamento da un anno e ovviamente nessuno aveva potuto interpellarmi per discutere la scelta che i miei compagni stavano facendo.

Ho appreso la notizia dalla radio ed ho subito capito che l'azione era una risposta durissima al modo assai poco apprezzabile in cui il giudice Coco si era comportato durante la vicenda Sossi. Certamente si trattava di una decisione nuova e grave, ma che io non sentii come qualcosa che mi coinvolgeva direttamente: in quel momento cercavo di sopravvivere nell'isolamento totale e feroce in cui mi trovavo. La mia realtà apparteneva a un altro pianeta, il pianeta carcere.

XII
La trappola annunciata

Domenica 8 settembre 1974, al passaggio a livello di Pinerolo, i carabinieri ti arrestarono assieme a Franceschini. Eravate caduti nella trappola di un infiltrato, Silvano Girotto, alias «Frate Mitra». Come è successo e di chi fu la colpa?

La maggiore responsabilità credo sia stata mia: un po' di ingenuità, un po' di disattenzione e una certa sfortuna. Se avessi osservato le regole di sicurezza che avevamo stabilito le cose non sarebbero andate in quel modo.

Il clamore del sequestro Sossi ebbe due conseguenze. Da una parte, la polizia si decise a darci la caccia più seriamente e con metodi più sofisticati. Dall'altra, il successo di immagine ottenuto con quell'azione ci fece arrivare valanghe di richieste di adesione alle Br. Decidemmo così una pausa delle attività armate e alcuni di noi partirono per allargare gli orizzonti dei nostri collegamenti in giro per l'Italia.

In quel clima di euforia e di baldanza ricevetti da ambienti sindacali di fabbrica insistenti richieste di stabilire un contatto con Girotto. Il quale, nelle interviste concesse a vari giornali, non si limitava a vantare le sue esperienze di frate guerrigliero in Sud America, ma lasciava trapelare un'esplicita ammirazione per la nostra organizzazione. In un primo tempo non diedi peso alla cosa. «Frate Mitra» era veramente l'ultimo dei miei problemi. Le pressioni però continuarono e alcuni amici mi dissero: «Guarda che gli devi parlare, gli devi dire di non fare l'apologia delle Br in pubblico, perché crea imbarazzo...».

Consultai gli altri. Margherita, confermando il suo sottile intuito, era decisamente diffidente: secondo lei c'era puzza di bruciato e incontrare Girotto poteva essere pericoloso. Franceschini era esitante. Io, francamente, non percepii nulla di sospetto. Decidemmo che avrei visto Girotto assieme a Moretti, in modo che anche lui potesse rendersi conto di che tipo era.

Allora vai con Moretti all'appuntamento: dove?

In Piemonte, nella zona di Pinerolo. Ma non andai solo con Moretti. Per sicurezza portammo una quindicina di compagni bene armati che presidiarono il luogo dell'incontro. E quella prima volta non ci furono problemi. Lui arrivò come prestabilito, lo caricammo in macchina e lo portammo in montagna. Ci disse che voleva lavorare con noi e offrì di mettere a nostra disposizione la sua pratica di guerrigliero andino. Gli rispondemmo che le sue esperienze potevano anche interessarci, ma soprattutto lo invitammo a una maggiore cautela. E fissammo un secondo appuntamento per l'8 settembre, sempre a Pinerolo, dove ero stato da bambino e di cui conoscevo ogni angolo e sentiero.

Da quell'incontro Moretti trasse l'impressione che Girotto fosse sincero e che, forse, avrebbe potuto esserci utile. Io non avevo nessuna idea precisa, ma neanche particolari sospetti. Stabilimmo di non introdurlo nell'organizzazione, ma di aprire con lui un rapporto interlocutorio proponendogli di affittare per suo conto una casa sicura dove avrebbe potuto esporre con calma a qualcuno di noi le conoscenze che sosteneva di avere acquisito nella pratica della lotta armata.

Hai fatto questa proposta a Girotto?

No, perché quella domenica 8 settembre il nostro incontro dura due o tre minuti. Sentivo che c'era qualcosa che non andava, mi avevano insospettito alcune macchine, certe facce... Insomma, appena arriva, gli dico che ho fretta e che ci saremmo rivisti a Torino. Lui non discute e ci salutiamo.

Riprendo l'auto e passo a prelevare Franceschini nel bar dove lo avevo lasciato. Non era previsto che Alberto venisse all'incontro: gli avevo chiesto io di accompagnarmi nel viaggio in macchina per poter continuare a discutere del documento a cui stavamo lavorando. Quella è stata una mia imprudenza: se fossi andato da solo ovviamente non ci avrebbero preso in due, ma probabilmente la trappola non sarebbe neanche scattata. E un'altra mia leggerezza è stata quella di non farmi scortare a distanza da un gruppo di compagni, come era successo nel primo incontro.

Fatto sta che uscendo dall'abitato di Pinerolo imbocco una stradina di campagna ritenendola più sicura della provinciale. A un certo punto arrivo a un passaggio a livello chiuso e mi devo fermare dietro a un camioncino. Per qualche attimo non succede niente. Poi sopraggiunge veloce una macchina che ci tampona leggermente. Io mi incavolo: «Ma guarda questi stron...». Non ho il tempo di finire l'imprecazione che in un baleno saltano fuori dieci-quindici uomini in civile con le pistole in pugno. Siamo circondati. Dal finestrino aperto uno mi punta l'arma alla testa e sibila: «Non muoverti, siamo carabinieri». Io metto le mani bene in vista sul volante e non fiato. Franceschini invece riesce ad aprire uno sportello e comincia a urlare «i fascisti, i fascisti...», ma viene messo a tacere con un paio di cazzotti.

A cosa pensavi mentre ti catturavano?

Per qualche attimo ho avuto una certa paura di rimetterci la pelle perché al giovane che mi puntava la pistola tremava pericolosamente la mano. Poi mi sono reso conto che quelli erano davvero carabinieri e che ci avevano fregato: non c'era più niente da fare.

Lì per lì non capii che Girotto era stato l'artefice del tranello. Guarda che sfortuna, per colpa di quello scemo che si è fatto seguire ci hanno beccato, pensai. Mi arrabbiai con me stesso per aver sottovalutato le norme di sicurezza e non aver dato ascolto alle sagge intuizioni di Margherita.

Ma subito mi entrò in testa un chiodo fisso: tentare in qualsiasi modo di tagliare la corda.

Hai più rivisto Girotto?

No, ma diciotto anni dopo, nell'estate '92, mi ha scritto una lunga lettera in cui mi diceva di essere molto colpito dal fatto che stessi ancora in galera. Spiegava che lui veniva dal Cile con un fortissimo astio nei confronti dei «rivoluzionari» e che riteneva suo dovere contribuire a sconfiggere ciò che in Italia le Br rappresentavano. Ma aggiungeva che, dopo tanto tempo e dopo che la lotta armata è ormai definitivamente sepolta, la mia interminabile carcerazione gli creava qualche problema di coscienza.

Questo vostro arresto ha suscitato polemiche all'interno delle Br. Franceschini sostiene che «poteva essere evitato» perché qualcuno tentò di avvertirti che l'appuntamento con Girotto era un tranello. E l'episodio ha anche suscitato pesanti sospetti nei confronti di Moretti che si sarebbe comportato in modo ambiguo non avvisandoti del messaggio di pericolo. Hai un'idea chiara di come andarono davvero le cose?

Negli anni successivi ho condotto una serie di indagini per capire la meccanica della vicenda e mi sono convinto che Moretti non è responsabile di colpe più gravi di quelle da addebitare a una certa sbadataggine e smemoratezza.

I fatti che ho accertato sono i seguenti. Cinque giorni prima della nostra cattura, il lunedì 2 settembre, Enrico Levati, un medico di Novara molto ingenuo che aveva rapporti periferici con le Br, riceve una misteriosa telefonata: «Avverti Curcio di non andare all'appuntamento con Girotto, è una trappola...». Levati, che non ha modo di entrare in contatto diretto con noi, va a Milano e comincia a battere il tam-tam negli ambienti della Pirelli e della Siemens. Il messaggio arriva a Moretti tra giovedì e venerdì. Ma lui non ritiene necessario agire subito perché sa che io e Franceschini stiamo lavorando a un certo libricino in una casa di Parma e che da quel posto non mi sarei mosso fino a sabato notte o domenica mattina. Pensa dunque di venire ad avvertirmi nella giornata di sabato...

Di che «libricino» si trattava?

Avevamo compiuto un'incursione negli uffici milanesi di Edgardo Sogno impadronendoci di centinaia di lettere e elenchi di nomi di politici, diplomatici, militari, magistrati, ufficiali di polizia e dei carabinieri: insomma tutta la rete delle adesioni al cosiddetto «golpe bianco» preparato dall'ex partigiano liberale con l'appoggio degli americani. Giudicavamo quel materiale esplosivo e lo volevamo raccogliere in un documento da rendere pubblico. Purtroppo avevamo tutto il malloppo con noi al momento dell'arresto e così anche quella documentazione preziosa finì in mano ai carabinieri.

Qualche anno dopo, al processo di Torino, chiesi al presidente Barbaro di rendere noto il contenuto del fascicolo che si trovava nella mia macchina quando mi arrestarono e lui rispose imbarazzato: «Non si trova più... Qualcuno deve averlo trafugato dagli archivi giudiziari». E la cosa finì lì. Sarebbe stato interessante invece sapere qualcosa di più su quella sparizione.

Torniamo al giallo della tua cattura: perché Moretti non ti avverte del pericolo?

Tenta di farlo, ma non ci riesce. Arriva a Parma sabato pomeriggio quando noi eravamo già partiti. Infatti io, che dovevo essere a Pinerolo domenica mattina, non avevo voglia di fare tutta una tirata in macchina e avevo preferito tornarmene a Torino nel pomeriggio di sabato. Da lì sarebbe stato più agevole raggiungere il luogo dell'appuntamento la mattina seguente. E avevo chiesto a Franceschini di accompagnarmi.

Moretti dunque non ci trova e non sa più bene che fare. Tenta di rintracciarmi nella mia casa di Torino, dove era venuto una volta, ma non ricorda l'indirizzo e neppure come fare ad arrivarci. Allora prova a ripescare Margherita, che doveva trovarsi in un'altra casa, ma anche lei era appena partita per non so dove. Come ultima possibilità convoca, in piena notte di sabato, un gruppo di compagni di Milano e gli dice di creare dei «posti di blocco» sulle strade tra Torino e Pinerolo: per fermarmi e avvertirmi. Sapeva che ero su una Millecento targata Bologna. Non sapeva però che non viaggiavo sulle strade statali, ma su strade bianche e percorsi miei che non rivelavo a nessuno.

Dunque tutti i tentativi di raggiungermi vanno a vuoto. Così la trappola annunciata scatta e finisco nelle braccia dei carabinieri.

Un abbraccio al quale hai immediatamente meditato di sfuggire: ci hai provato?

Quasi subito, ma si è trattato di un tentativo disperato e un po' grottesco.

Dopo la cattura i carabinieri mi portano in una caserma alla periferia di Torino. Passo la notte in cella di sicurezza ruminando amaro: sono stato ingenuo, sono stato imprudente, sono stato un pollo, d'ora in poi il mio unico pensiero deve essere quello di scappare.

L'occasione sembra presentarsi già la mattina successiva. Due uomini in borghese mi vengono a chiedere se ho fame e alla mia risposta decisamente affermativa appaiono un panino imbottito e una Coca Cola. Posso mangiare su un tavolino fuori dalla cella, in una specie di atrio. Guardandomi attorno mi accorgo che il portone di uscita è in fondo al corridoio, a non più di quindici metri di distanza, e si apre con un pulsante. In un attimo decido: ci provo.

Aspetto un momento di disattenzione dei miei due rifocillatori, salto il tavolino, per la verità non più alto di quaranta centimetri, faccio qualche passo di corsa, inciampo, riprendo l'equilibrio, arrivo quasi alla porta e vengo sbattuto a terra da un impeccabile placcaggio di uno dei carabinieri. Non faccio in tempo a sollevarmi che un'intera squadra mi piove addosso e penalizza con un bel po' di legnate la pinguedine e la pessima forma fisica in cui mi trovavo in quel momento.

Vuoi dire che oggi, dopo diciotto anni di carcere, ti senti in forma migliore?

Non c'è dubbio. La vita del clandestino, dal punto di vista del fisico e della salute, era assai più distruttiva del regime carcerario. All'epoca ero gonfio, intossicato dal fumo, con il fegato a pezzi. Anche il carcere può distruggere, ma io per evitarlo mi sono dato alcune regole monastiche. Sicché oggi il salto del tavolo e quei quindici metri di corsa li affronterei più brillantemente di allora.

Mi fa piacere. Comunque inizia con animo ribelle il tuo primo soggiorno in galera: come ti sei comportato con i magistrati che ti hanno interrogato?

I nostri rapporti non sono andati molto lontano. Il primo a sentirmi è stato il giudice Giancarlo Caselli, poi, via via, sono arrivati Guido Viola, Ciro de Vincenzo, e gli altri. Io all'inizio diedi un falso nome e raccontai che quel tizio che stava in macchina con me era un povero autostoppista, ignaro di tutto, al quale avevo gentilmente dato un passaggio. Franceschini? «Mai sentito questo nome», sostenni. Ovviamente non funzionò. Loro avevano le foto dei pedinamenti e sapevano un sacco di cose.

Ricordo Caselli abile e paziente. Venne varie volte a trovarmi in carcere e poiché non volevo aprire bocca sulle Br, si metteva a chiacchierare del più e del meno, dei libri che stavo leggendo, dei sogni, delle fiabe, dei Tupamaros e, improvvisamente, insinuava nel discorso una domanda su Girotto, su Margherita, o qualcun altro dell'organizzazione. Non abboccavo, ma era un gioco psicologico abbastanza stimolante .

Anche il mio primo impatto con la vita di detenuto non è stato drammatico. Nel carcere di Novara sono rimasto quaranta giorni in isolamento: un periodo di cui mi restano piacevoli ricordi. Per non farmi incontrare con eventuali «simpatizzanti» mi portavano all'aria nel piccolissimo passeggio del braccio femminile, ovviamente da solo. Le detenute però si affacciavano alle finestre delle loro celle che davano sul cortile. Potevamo chiacchierare a distanza e mi buttavano pacchetti di sigarette e ritagli di giornale con le notizie. Nacquero così una serie di amicizie, anche affettuose, che poi continuarono nel tempo.

Queste amenità comunque non attenuavano la mia voglia di scappare. Scoprii presto che il piano delle celle si trovava proprio sopra un garage sotterraneo dove il direttore metteva la sua auto. Pensai che non doveva essere impossibile scavare un buco per scendere giù. Con un po' di sforzi e qualche strumento di fortuna riuscii a sollevare il ripiano di ceramica del gabinetto alla turca e lavorai per una settimana ad allargare il foro. Purtroppo, un giorno sbattei incautamente la ceramica che si incrinò. La guardia addetta al controllo se ne accorse e il mio scavo venne scoperto: una grandissima frustrazione.

Fui trasferito seduta stante nel carcere di Casale Monferrato dove rimasi cinque mesi prima di essere liberato da un commando armato guidato da Margherita.

XIII

L'evasione a mano armata

Per liberarti, il 18 febbraio '75, i brigatisti guidati da tua moglie hanno conquistato manu militari il carcere di Casale Monferrato: probabilmente la più clamorosa azione di guerriglia urbana compiuta in Italia, per di più senza sparare un colpo. Come è stata ideata e organizzata quell'evasione a mano armata?

Dopo qualche settimana a Casale riuscii a stabilire un contatto con i compagni esterni...

In che modo?

Non lo posso dire perché il canale passava attraverso persone che non sono state inquisite. Comunque le comunicazioni funzionavano bene.

Da fuori mi scrissero che volevano liberarmi e mi chiesero di studiare le diverse possibilità. Il carcere era molto ben attrezzato contro le evasioni classiche, dall'interno: muri spessi, sbarre impossibili da segare, serrature multiple, allarmi. Ma non era altrettanto sicuro rispetto a un attacco dall'esterno: solo tre cancelli per arrivare alle celle, poche ronde armate. Trasmisi queste osservazioni a Margherita aggiungendo che l'ora migliore per un blitz era tra mezzogiorno e l'una, quando mi trovavo all'aria, fuori dalla cella.

La direzione strategica discusse a lungo se fosse opportuno avventurarsi in un'operazione militare così rischiosa. Alcuni compagni, tra cui Fabrizio Pelli, erano contrari: ritenevano più conveniente consolidare l'organizzazione seguendo le vie tradizionali legate alla fabbrica e ai movimenti sociali dei quartieri. Moretti esitava. Margherita si impose spalleggiata da buona parte della colonna di Milano e di quella veneta.

L'azione viene decisa. Con un telegramma in cifra mi comunicano il giorno stabilito: «Il pacco con le maglie di ricambio arriverà domani...». Ma avevano letto male il mio messaggio e, invece di attaccare alle 13, arrivano alle 16: il momento peggiore, quello del cambio di turno, quando le guardie sono il doppio del numero normale e i carcerati chiusi in cella per il controllo. Questa volta però la fortuna mi aiuta.

Quando un detenuto arriva trafelato in corridoio gridando che giù nella rotonda ci sono uomini armati, il controllo nel mio braccio è appena finito e il sorvegliante ha riaperto da pochi istanti la mia cella. Alla notizia le guardie rimangono impietrite, forse temono uno scontro a fuoco generale e non hanno nessuna voglia di rischiare la pelle. A me salta il cuore in gola. Ci siamo, penso, in ritardo, ma ci siamo...

Hai paura?

In momenti così non c'è spazio per la paura. Il corpo si carica di adrenalina e l'eccitazione prevale su tutto.

Scatto subito – sei mesi di galera mi avevano consentito di raggiungere una forma fisica apprezzabile – mi precipito lungo i venti metri di corridoio, piombo giù dalle scale e mi trovo di fronte al cancello chiuso. Dall'altra parte vedo Margherita con una bellissima parrucca e cinque o sei compagni vestiti con le tute blu degli operai Sip, i mitra imbracciati e le bombe a mano pronte. Margherita ordina a un appuntato di aprire. L'uomo trema e non riesce a infilare la chiave. Dalle sbarre mi passano una pistola, casomai arrivasse qualcuno alle mie spalle. Finalmente il cancello si spalanca e mi butto fuori. All'esterno dell'edificio ci sono diversi nuclei di compagni che hanno tagliato i fili del telefono e presidiano la strada. Tre macchine sono pronte a partire. Mi infilo nella prima e tutti si disperdono in direzioni diverse.

L'operazione si è svolta in modo perfetto, senza nessun incidente e non c'è stato neanche bisogno di sparare un solo colpo.

Quanti brigatisti sono stati mobilitati per questa azione?

Una ventina. E furono usate una quindicina di automobili rubate. Si è trattato di un'organizzazione molto complessa. Ricordo che con il gruppo che mi ha accompagnato nella fuga ho fatto sei cambi di macchina. E ogni punto in cui avveniva il cambio era presidiato da compagni armati.

Quando hai visto tua moglie al di là del cancello che, armi in pugno, guidava il commando venuto a liberarti, cosa hai sentito?

Una grande felicità, non c'è dubbio. Ma in quegli istanti tutto era mirato all'azione. Bisognava operare rapidamente e con ordine: c'erano tantissime cose urgenti a cui pensare.

Alla fine della giornata, con Margherita e un nostro compagno, arrivammo al rifugio prestabilito, una casa sul mare ad Alassio. Allora, finalmente, la tensione si sciolse e potei dare libero sfogo alla mia gioia. E anche alla commozione.

Bonnie and Clyde, o qualcosa del genere, uno scenario da romanzo che nel tuo caso era realtà: il legame con tua moglie è cresciuto ancora dopo averla vista rischiare la vita per te?

Era difficile che potesse crescere perché nel mio immaginario amoroso Margherita è sempre stata collocata molto in alto.

Vorrei però che fosse chiara una cosa. Quell'azione può anche essere considerata sotto l'aspetto personale e romantico, ma in sostanza è stata un'azione politica in applicazione di uno dei principi cardine della lotta armata: la liberazione dei prigionieri. E il mio caso non è stato unico: anche Ulrike Meinhof ha liberato il compagno Andreas Baader. D'altronde, il piano studiato da Margherita e dalle Br non prevedeva solo l'assalto alla prigione di Casale, ma anche l'evasione di Franceschini dal vecchio carcere di Cuneo. Doveva avvenire la sera prima e svolgersi nel modo più tradizionale. Lui, dopo aver segato le sbarre del cancello, avrebbe trovato un'auto con tre compagni ad aspettarlo. Purtroppo un detenuto diede l'allarme quando la strada era già aperta e il povero Franceschini fu bloccato sul più bello.

XIV
Le bande dell'hinterland

Dopo l'evasione hai subito ripreso le tue attività clandestine?

Sono rimasto nascosto per circa un mese ad Alassio. Ho discusso con gli altri il da farsi e abbiamo deciso una risistemazione delle colonne: Margherita sarebbe rimasta a Torino, Moretti sarebbe andato a Roma e io mi sarei spostato a Milano.

A quel punto ci interessava molto impiantare una colonna anche a Roma, dove Franceschini, dopo il sequestro Sossi, aveva già lavorato a stabilire dei contatti con una rete di compagni, ma non esisteva ancora una nostra presenza organizzata.

Però Franceschini ha raccontato che era andato a Roma addirittura per organizzare il sequestro di Andreotti: vuol dire che pensavate già di poter agire massicciamente anche nella capitale?

Franceschini non era andato a Roma per preparare il sequestro di Andreotti: un progetto del genere le Br non lo hanno mai messo in cantiere. Lui doveva studiare la situazione e capire in quale area operaia, Pomezia o altrove, si poteva innestare un intervento delle Brigate rosse.

Quello che so, perché me lo ha raccontato lui stesso come aneddoto del suo soggiorno romano, è che, passeggiando per il centro, gli era capitato di incontrare un paio di volte Andreotti il quale percorreva a piedi lo stesso tragitto più o meno tutti i giorni. Così Franceschini può aver pensato che questa abitudine favoriva un eventuale sequestro: ma fu un'idea solo sua. E si è trattato di un episodio che poi, evidentemente, è stato ingigantito.

Si apre dunque per te un secondo ciclo milanese: cosa c'è di cambiato rispetto a due anni e mezzo prima? Le Br continuano ad essere attive nelle grandi fabbriche?

Di fatto era cambiato quasi tutto: nella vita interna all'organizzazione, nei contatti esterni e nel lavoro politico. Era cambiato il clima, cambiata la volontà degli operai, cambiata la rivolta dei giovani. I gruppi extraparlamentari si andavano esaurendo e si disegnava una diversa geografia del dissenso.

Tornando a Milano ho dovuto praticamente costruire una nuova colonna. Con me c'erano, tra gli altri, Fabrizio Pelli e Attilio Casaletti, due ex operai di Reggio Emilia, Giorgio Semeria, appena uscito da un anno di carcere, Pierluigi Zuffada della Sit-Siemens, Vincenzo Guagliardo della Magneti Marelli, Nadia Mantovani, che veniva da Potere operaio di Mestre, Angelo Basone, un ex operaio Fiat. La polizia ormai ci dava la caccia accanitamente e la nostra clandestinità era più severa e meglio organizzata. Disponevamo di una struttura logistica molto potente che aveva un costo economico altissimo. Usavamo molti documenti falsi e varie automobili con targhe contraffatte. Per la sua sicurezza, oltre all'appartamento in cui viveva, ognuno di noi disponeva di almeno un'altra casa-rifugio il cui indirizzo non doveva essere noto a nessuno. In quel periodo io avevo tre appartamenti e cinque o sei nomi diversi, ognuno col suo corredo di documenti falsi.

Quando ripresi i contatti con gli operai della Pirelli, dell'Alfa, della Siemens, mi trovai di fronte a una novità: i compagni raggruppati attorno alle brigate di fabbrica manifestavano il loro scontento per una situazione che giudicavano ormai fossilizzata e sterile. Una cinquantina di loro mi comunicò che si sentiva pronta a entrare attivamente nelle Brigate rosse perché era stufa di continuare ad operare all'interno della fabbrica dove non si riusciva più a combinare niente. Solo alla Magneti Marelli rimaneva un focolaio interno di lotta ancora capace di coinvolgere i compagni.

Era il sintomo di un preoccupante declino della linea operaista che aveva caratterizzato la prima fase storica delle Br. Gli operai che ci erano vicini volevano ormai uscire dalle fabbriche per partecipare all'attacco al cuore dello Stato. Ma non era mutato solo il clima nelle fabbriche: erano entrati in crisi i vari gruppi extraparlamentari e nel movimento si andava affacciando una nuova generazione di giovani che ho potuto avvicinare grazie a un ragazzo al quale sono stato legato da un rapporto molto intenso.

Di chi si tratta?

Walter Alasia. Quando lo incontrai nell'hinterland milanese aveva vent'anni: figlio di operai ancora orgogliosi del loro lavoro, apparteneva a quella nuova realtà di giovani arrabbiatissimi nata nei desolati centri della cintura industriale, San Donato, Desio, San Giuliano, Sesto San Giovanni. Ragazzi spoliticizzati che vivevano di furti e di lavoro nero, individualisti, ma con un forte senso di solidarietà sociale.

Walter mi portò a conoscere le bande di giovani che dall'hinterland cominciavano a calare su Milano. In un primo tempo mi interessai a loro come fenomeno sociale, espressione di un acuto malessere che non si manifestava più sul terreno politico, ma su quello esistenziale. Poi il rapporto si fece più stretto. Mi parlarono dei loro problemi che erano legati al controllo dei quartieri: i fascisti ormai non contano più, mi dissero, ma ci sono i continui pattugliamenti dei carabinieri: «Sono loro che ci tolgono lo spazio, se gli bruciamo i pulmini per un po' di tempo smetteranno di girare dappertutto...».

All'inizio rimasi perplesso. Che senso poteva avere colpire le macchine dei carabinieri? Poi i ragazzi mi accompagnarono in giro per le loro zone e vidi decine di pattuglie con i fucili in spalla che presidiavano militarmente il territorio. Mi accorsi che in quei quartieri erano il simbolo evidente di un'oppressione sentita da molti. E mi convinsi che poteva essere estremamente importante per le Br sviluppare il collegamento con quella nuova area di ribellione sociale. Dovevamo tentare di politicizzare quelle bande. Così gli insegnammo l'uso delle tanichette incendiarie e assieme a loro bruciammo una quindicina di furgoncini dei carabinieri parcheggiati nelle caserme: azioni che in parte furono rivendicate con dei volantini Br.

Questa mia scelta non venne approvata da molti compagni di altre colonne e da Franceschini in carcere: loro sostenevano che invece di moltiplicare i piccoli attentati bisognava mirare ad azioni qualitativamente importanti e dal significato strategico ben definito.

Si andavano delineando i primi contrasti tra un'impostazione più chiusa e militare delle Br e la mia concezione di un ruolo politico più diluito nel sociale.

Ciò significa che già prima del tuo secondo arresto c'era stata divergenza tra te e gli altri componenti della direzione strategica sulla visione del futuro politico-organizzativo delle Brigate rosse?

Direi proprio di sì. La polemica interna andò crescendo e io mi ritrovai in aperto contrasto con una parte dell'organizzazione. Un contrasto che riguardava il ruolo stesso del gruppo. Volete partecipare allo scontro di classe? Le Br in qualche modo vi daranno una mano, dicevo io. Volete partecipare alle nostre azioni? Entrate nell'organizzazione e diventate militanti clandestini, dicevano gli altri.

Comunque, sino a quando Margherita è stata viva e io sono stato libero, la mia linea è rimasta quella prevalente.

Alasia che ruolo ebbe nelle Br?

Era estremamente volitivo e determinato, con una gran voglia di fare e di organizzare. Per un periodo fu un trascinatore e avrebbe potuto diventare il capostipite di quella nuova generazione di brigatisti in cui credevo. Invece fu vittima dell'incomprensione delle Br e ne morì.

Dopo il mio arresto, la colonna milanese venne presa in mano da Azzolini, Bonisoli e altri compagni con orientamenti ben diversi dai miei. Quasi tutti quelli che erano stati con me a poco a poco uscirono dall'organizzazione perché non si riconoscevano nella nuova gestione. Alasia, ritrovandosi totalmente isolato e deluso, visse un periodo di crisi profonda. Un giorno volle andare a confidarsi con sua madre, alla quale era legato da un grandissimo affetto, ma la polizia sorvegliava l'appartamento di Sesto San Giovanni. Walter si trovò accerchiato. Mi aveva detto più volte che non voleva finire in carcere a nessun costo: ci fu uno scontro a fuoco in cui uccise due poliziotti, venne ferito e cadde a terra in un cortiletto. Poi, quando erano passati alcuni minuti dalla sparatoria, fu raggiunto e ucciso sul posto.

Dopo mia moglie, lui è stato il secondo compagno delle Brigate rosse colpito a freddo dalle forze dell'ordine. E non l'ultimo.

Si può pensare che se tu non fossi stato arrestato la storia delle Br sarebbe stata diversa?

Non c'è dubbio che con la mia presenza a Milano le cose sarebbero andate in altro modo. Con ciò non voglio affermare che avrei saputo ottenere sicuramente dei risultati politici più brillanti di quelli effettivamente conseguiti. L'impianto generale delle Br, tra il '76 e il '77, stava già scricchiolando: nuove sollecitazioni sociali, conseguenza dell'inversione del ciclo economico, mettevano a dura prova i nostri schemi di partenza che cominciavano anche a non essere più in sintonia con le esigenze di quello che sarà poi definito il «movimento del '77».

Non so se a questo dilemma io avrei saputo trovare delle soluzioni. Di certo, i compagni che rimasero in libertà non ci riuscirono.

XV
La cascina Spiotta

Margherita Cagol è morta il 5 giugno 1975 alla cascina Spiotta, dove teneva prigioniero l'industriale Vallarino Gancia. Nella sparatoria fu ucciso anche il carabiniere Giovanni D'Alfonso. Perché avete deciso quel sequestro?

Si è trattato del nostro primo sequestro a scopo di finanziamento. Fino a quel momento i soldi ce li eravamo procurati con le rapine alle banche: azioni nelle quali eravamo diventati grandi esperti e che riuscivamo a condurre a buon fine senza incidenti, mobilitando dei gruppi di intervento numerosi per degli obiettivi abbastanza ridotti.

Ma, come ho detto, con l'andare del tempo l'organizzazione era diventata sempre più grossa e le esigenze della clandestinità ancora più complesse e onerose. Il denaro delle rapine non bastava più e ci sembrava troppo rischioso moltiplicare in modo eccessivo gli attacchi alle banche che spesso fruttavano solo piccole somme. Nell'aprile '75 ci riunimmo, Margherita, Moretti ed io, in una casa nel piacentino per discutere il da farsi: pensammo che era venuto il momento di seguire l'esempio dei guerriglieri latino-americani che già da tempo sequestravano degli industriali per finanziarsi.

Come mai avete scelto proprio Vallarino Gancia?

Esaminammo una rosa di nomi presentata dalla colonna torinese. Puntammo su Gancia perché con lui potevamo agire in una zona che conoscevamo bene, perché l'operazione non comportava troppe difficoltà, perché era molto ricco e perché ci risultava che avesse finanziato delle organizzazioni fasciste. Volevamo chiedere un riscatto di circa un miliardo, ma, soprattutto, miravamo a un sequestro rapido, semplice e il meno rischioso possibile.

Tu hai partecipato all'azione?

Non facevo parte del gruppo operativo perché ero super ricercato, la polizia aveva le mie foto, non mi potevo spostare con facilità.

Avevamo studiato i movimenti di Gancia e stabilito che lo avremmo preso in una strada di campagna che percorreva abitualmente per andare alla «Camillina», la sua villa-castello di Canelli, vicino Asti. L'azione scattò alle 15,30 del 4 giugno e si svolse senza intoppi. Appena prelevato, l'industriale venne caricato su un furgone e portato alla cascina Spiotta, sulle colline di Acqui Terme.

Cosa era la cascina Spiotta?

Un nostro rifugio segreto, molto tranquillo e ben situato: a circa un'ora di macchina da Milano, Torino e Genova. Un antico cascinale di pietra in mezzo alla vigna e agli alberi da frutta, sul cucuzzolo di una collina a pochi chilometri dal borgo di Arzello. Lo aveva scoperto Margherita e comperato per pochi milioni. Avevamo lavorato assieme a Bonavita, Ferrari e altri compagni per costruire il bagno, far arrivare l'acqua, sistemare il grande camino. Era diventato un posto accogliente dove andavamo per dei periodi di riposo e delle riunioni del gruppo dirigente della colonna torinese.

Avevamo fatto amicizia con una famiglia di contadini di un cascinale vicino. Con loro curavamo la vigna e facevamo il lavoro nei campi. La figlia, di quindici-sedici anni, veniva spesso a trovarci, ci portava le uova fresche e il latte appena munto. Quando Franceschini ed io eravamo stati arrestati e le nostre foto erano apparse su tutti i giornali, nessuno di loro aveva detto niente e così pensammo che potevamo fidarci e che la cascina Spiotta restava ancora un posto sicuro. Tanto più che l'unica strada di accesso poteva essere controllata dalla casa lungo vari chilometri.

Chi rimase a sorvegliare Gancia alla cascina?

Margherita e un altro compagno che non posso nominare perché non è stato inquisito per questa operazione.

Il sequestro doveva durare al massimo quattro o cinque giorni. Gancia, poco dopo la sua cattura, aveva indicato una persona a cui rivolgersi per riscuotere il denaro del riscatto. Ma la cosa non ebbe seguito visto che la mattina successiva ci fu l'irruzione dei carabinieri.

Come mai i carabinieri sono riusciti ad arrivare alla cascina senza essere visti lungo la strada che sale sulla collina?

Per colpa di una tragica disattenzione dovuta alla stanchezza. Il compagno che stava con Margherita si era addormentato durante il suo turno di guardia.

Il 5 mattina io parlo al telefono con Margherita. Mi chiama da Acqui Terme in un bar di Milano dove avevamo fissato un contatto. «Qui è tutto tranquillo», mi dice, «le cose vanno come stabilito, non ti preoccupare». Invece, dopo un paio d'ore, succede il disastro.

Nel sottoscala di quel bar ho sentito per l'ultima volta la voce di mia moglie.

Tu sai esattamente cosa è successo su nella vostra cascina quella mattina di giugno?

Sì, ho ricostruito accuratamente i fatti parlando con il brigatista che si è salvato.

Margherita, dopo avermi telefonato, torna alla Spiotta e, siccome è stata di guardia tutta la notte, dice al compagno: «Io adesso vado a riposare, controlla tu dalla finestra con il binocolo, se vedi qualcosa di sospetto avvertimi e ce la filiamo».

Il piano previsto era molto prudente: avevamo studiato

le cose in modo da evitare ad ogni costo un conflitto a fuoco e per questo avevamo pensato di poter lasciare solo due persone a sorvegliare il sequestrato. Se una pattuglia o qualcuno sospetto si fosse avvicinato alla cascina, Margherita e il compagno dovevano legare e imbavagliare Gancia abbandonandolo sul posto, correre dietro al dosso del nostro terreno, due minuti a piedi, scendere giù per un pendio e fuggire con un'auto che era stata lasciata apposta vicino a uno stradello sterrato. Il fatto che il sequestrato potesse essere liberato era previsto e accettato, proprio perché avevamo deciso di star lontani da ogni rischio.

Dunque Margherita va a dormire, il compagno si apposta davanti alla finestra con il binocolo, ma dopo poco viene preso da un colpo di sonno. E non si accorge che una 127 blu dei carabinieri sale su per la strada comunale, si ferma a controllare qualche cascina lungo il percorso, imbocca il viottolo sterrato che porta da noi. Lì doveva esserci un tronco d'albero messo di traverso per permettere di guadagnare tempo in caso di fuga, ma anche questa precauzione era stata trascurata.

I carabinieri arrivano nell'aia. Le finestre della cascina da quella parte sono chiuse, ma vedono due macchine posteggiate sotto il porticato. Capiscono che c'è qualcuno. Prudenti, spostano a retromarcia la loro auto sul lato dell'edificio, bloccando lo stradello di accesso. Poi cominciano a chiamare e bussare alla porta. Margherita si sveglia di botto. Dalla finestra vede i carabinieri, pensa si tratti di una pattuglia che gira a piedi per la campagna: «Non ti sei accorto di niente, ci sono i carabinieri, che si fa?», dice al compagno allibito. Dopo un attimo di indecisione stabiliscono di affrontare i militari per tentare di raggiungere le macchine e scappare.

I carabinieri, però, insospettiti dal fatto che dalla casa non arriva risposta, non si fanno prendere alla sprovvista. Quando Margherita e il compagno si buttano fuori dalla porta con i mitra imbracciati e le bombe a mano Srcm pronte, esplode istantaneo il conflitto a fuoco. I colpi si susseguono a raffica e viene lanciata anche una bomba. Due carabinieri, colpiti gravemente, rimangono a terra. Uno di loro, l'appuntato Giovanni D'Alfonso, morirà pochi giorni dopo; l'altro, Umberto Rocca, perderà un occhio e un braccio. Il terzo scappa per i campi.

Margherita ha una leggera ferita al braccio, il compagno è illeso. Riescono a salire sulle loro auto, lei parte per prima a tutto gas. Girato l'angolo della casa si trova davanti la 127 dei carabinieri e per non sbatterci contro finisce con le ruote nel fosso. Il compagno che la segue rimane bloccato anche lui. Vengono subito presi sotto tiro da un quarto carabiniere che era stato lasciato di guardia in quel punto. Margherita esce dalla macchina disarmata, il compagno ha invece due Srcm in tasca. Gli viene ordinato di sedersi sul prato con le mani alzate. Sono prigionieri. Il compagno informa Margherita che ha le bombe e propone di tentare la fuga appena il carabiniere che li tiene di mira si distrae un attimo. Lei è d'accordo. Il carabiniere a un certo punto si allontana di qualche passo per andare alla macchina a sollecitare soccorsi via radio. Il compagno si alza di scatto, lancia malamente una bomba che esplode senza fare danni e si precipita in direzione del bosco. Margherita non è abbastanza veloce: rimane sotto il tiro del carabiniere che preferisce controllare lei piuttosto che aprire il fuoco contro il fuggiasco.

Il compagno, arrivato al riparo, si ferma per capire se è ancora possibile tentare qualcosa. Dopo qualche minuto sente un colpo. Forse anche una raffica di mitra. Si affaccia sul prato, capisce che non c'è più niente da fare e si allontana.

I risultati dell'autopsia parlano chiaro. Margherita era seduta con le braccia alzate. Le è stato sparato un solo colpo di pistola sul fianco sinistro, proprio sotto l'ascella. Il classico colpo per uccidere.

Come ti è arrivata la notizia della morte di tua moglie?

Alle due del pomeriggio avevo appuntamento con Attilio Casaletti in una piazzetta vicino a viale Padova. «Hai sentito la radio?», mi chiese subito con aria cupa. Risposi di no. Lui mi riferì che il giornale radio aveva parlato di uno scontro alla cascina Spiotta e di probabili morti. Sembrava che fosse stata uccisa anche una ragazza molto giovane. Non capivo quello che poteva essere successo. Escludevo il conflitto a fuoco con le forze dell'ordine perché avevamo predisposto tutto per evitarlo. Pensavo a un qualche incidente. Una ragazza molto giovane? Poteva darsi che la figlia dei contadini del cascinale vicino fosse andata su a chiedere se volevano delle uova... E chi sa quali complicazioni erano sopravvenute.

Assieme a Casaletti, tornai subito a casa per ascoltare i giornali radio. Le notizie continuavano a essere confuse. Dicevano di un carabiniere ferito grave, di una ragazza forse morta. Probabilmente ero io che non volevo capire: mi rifiutavo di prendere atto che Margherita era stata uccisa. Comunque bisognava fare qualcosa. Nel tardo pomeriggio radunai alcuni compagni della mia colonna e stabilimmo di far partire per la zona di Acqui dei gruppi d'appoggio col compito di accertare l'accaduto e aiutare l'eventuale fuggiasco. Infatti tutti parlavano di una ragazza morta, mentre un brigatista uomo non veniva mai nominato. Quantomeno lui sarà scappato, pensavamo.

Il giorno dopo recuperammo quel compagno a molti chilometri da Acqui, in uno dei punti di ritrovo previsti per i casi di emergenza.

Gli hai subito chiesto di raccontarti ciò che era avvenuto?

No, in un primo momento non ho voluto vederlo. Gli ho fatto chiedere subito una relazione scritta molto dettagliata, ma l'ho incontrato solo due mesi dopo in montagna, a Foppolo. Mi rifece tutto il racconto a voce, aggiungendo alcuni particolari, e la sua ricostruzione mi sembrò convincente, anche se terribile dal punto di vista dell'irresponsabilità dimostrata nella valutazione del pericolo.

La morte di tua moglie è stata un dramma personale che ha anche modificato il tuo rapporto con la militanza e la lotta armata?

Quell'avvenimento ha cambiato molte cose: non solo per me, ma anche per le Brigate rosse. Abbiamo, per la prima volta, vissuto veramente da vicino l'incontro con la morte e con il suo bagaglio di significati.

La morte di Margherita, mia moglie, una nostra compagna, una capo colonna, e anche la morte di un carabiniere, padre di famiglia: questo l'epilogo drammatico di un'operazione che avevamo studiato in modo da evitare lo scontro a fuoco. Il grave fallimento ci portò a una durissima autocritica, ma anche alla presa di coscienza che continuare per la nostra strada significava accettare in concreto – e non solo come ipotesi astratta – il peso della morte, sìa nel nostro campo che in quello avversario.

Alla fine, in quella notte tra il 5 e il 6 giugno, dovetti impormi di ammettere che quella «ragazza» morta non poteva essere che Margherita. Chiesi di rimanere solo in casa e fui travolto da un'irresistibile, interminabile crisi di pianto. Un pianto in qualche modo liberatorio durante il quale capii la realtà di un incontro non letterario o filosofico con la morte. E quanto questa eventualità ci tallonasse da vicino nella nostra avventura.

Avrei desiderato moltissimo poter andare al funerale a Trento, ma la città era presidiata dalla polizia e non sarebbe stato possibile farla franca. Un'amica mi aiutò a fare arrivare un mazzo di fiori anonimo sulla bara.

Hai poi rivisto i suoi genitori?

Il padre no. È morto pochi giorni dopo la figlia. Era malato di cancro, ma probabilmente la notizia ha contribuito a spegnerlo. Elsa, la madre, mi è venuta a trovare in carcere. Anche se adesso è molto anziana, continuiamo a scriverci. È una donna a cui mi sento legato da un rapporto profondo alimentato dall'amore che sia lei che io avevamo per Margherita.

La tua crisi non si esaurì in una sola notte: qualcuno ha raccontato che sei rimasto prostrato e incapace di reagire per vari mesi e che il tuo arresto a Milano è stato, in pratica, una conseguenza di quell'abbattimento. È esatto?

Direi che il mio dolore e il mio dramma personale non sono esauriti neanche oggi. Con Margherita ho vissuto un rapporto di amore profondo che precede e va oltre la nostra vicenda politica. Un amore che esiste ancora.

Lei per me aveva significato trovare un equilibrio di vita: un assetto intellettuale, affettivo, organizzativo globale del mio spazio-tempo. Nel momento in cui mi è venuta a mancare, ho sentito crollare tutto intorno a me, proprio come quando da bambino ero stato portato via da Torre Pellice e chiuso in collegio a Centocelle.

Non è vero però che sono rimasto paralizzato. Non avevo perso la lucidità e la capacità di agire, non mi sono tirato indietro sul piano del lavoro organizzativo e politico. Anche perché, dopo il disastro della cascina Spiotta, le Brigate rosse si trovavano a dover affrontare non pochi problemi.

«...È caduta combattendo Margherita Cagol, "Mara", dirigente comunista e membro del comitato esecutivo delle Brigate rosse. La sua vita e la sua morte sono un esempio che nessun combattente per la libertà potrà mai dimenticare... Non possiamo permetterci di versare lacrime sui nostri caduti, ma dobbiamo imparare la lezione di lealtà, coerenza, coraggio ed eroismo... Che tutti i sinceri rivoluzionari onorino la memoria di "Mara" meditando l'insegnamento politico che ha saputo dare con la sua scelta, con la sua vita. Che mille braccia si protendano per raccogliere il suo fucile! Noi, come ultimo saluto, le diciamo: "Mara", un fiore è sbocciato e questo fiore di libertà le Brigate rosse continueranno a coltivarlo fino alla vittoria.»
Questi sono alcuni passi di un famoso volantino che le Br hanno diffuso il giorno dopo la morte di tua moglie. Un testo anomalo che mischia la commozione umana alla retorica guerrigliera. Lo hai scritto tu personalmente?

Sì, l'ho scritto io di getto dopo la mia crisi privata. Con

alcuni compagni della colonna milanese decidemmo che era doveroso non solo commemorare Mara, ma anche chiarire dei fatti sui quali c'era in giro ancora molta ambiguità. Ed era evidente che quel documento spettava a me scriverlo.

Il linguaggio che mi è venuto naturale usare esprime due rapporti diversi e contraddittori con l'avvenimento: da un lato, la commozione e le tensioni personali e, dall'altro, l'esigenza di inquadrare il fatto nell'ambito politico della lotta armata. È vero che si tratta probabilmente dell'unico documento Br nel quale alla freddezza del lessico politico-ideologico si sovrappone l'espressione di emozioni personali. Ma non la considero una cosa anomala. Io ho vissuto quotidianamente la mia esistenza nella lotta armata senza nessuna frattura tra il «politico» e il mio mondo affettivo privato, il mio stare assieme alle persone che mi erano vicine e care.

Probabilmente quel volantino può essere letto come un documento cinico e, magari, grottesco. Oppure come un testo che esprime in pieno la contraddittorietà di eventi umani in cui la politica e la lotta si fanno anche vita e morte. Io l'ho vissuto come l'espressione sincera delle tensioni che convivevano in me allora.

Il volantino finisce con la parola «vittoria»: nel 1975 credevi davvero che la vostra lotta armata potesse conquistare un qualche tipo di vittoria?

Bisogna intendersi sul significato della parola. Voglio essere molto franco: non ho mai pensato che lo sbocco vittorioso della lotta armata dovesse significare la conquista materiale del potere. Questa prospettiva non apparteneva al mio scenario mentale e alle mie convinzioni.

D'altro canto non ci si batte, come noi abbiamo fatto, pensando di essere per forza sconfitti. Oggi direi che esisteva per me una via di mezzo. Sintetizzando le cose con una formula elementare, posso dire che quella società in cui vivevamo non mi andava assolutamente bene, non volevo a nessun costo accettarla, lottavo per cambiarla. E la parola «vittoria» significava la speranza di riuscire a modificare, almeno in parte, lo stato delle cose.

A quale modifica dello «stato delle cose» pensavi di poter arrivare?

Comunque alla messa in crisi del regime politico che aveva guidato l'Italia dal dopoguerra. Quello era il mio principale obiettivo e, in quel momento, credevo ancora che fosse possibile raggiungerlo. Ritenevo che il nostro paese non godesse di una piena democrazia e che far saltare le alleanze di potere che lo tenevano bloccato, in qualsiasi modo ciò avvenisse, sarebbe stato un buon risultato.

In sostanza credevi in una specie di riformismo armato: non era, già allora, un'irragionevole contraddizione logica e ideologica?

Indubbiamente il punto di partenza dell'analisi che conducevo al momento della fondazione delle Brigate rosse si basava sulla consapevolezza che era impossibile avviare un processo di riforme sostanziali nell'Italia degli anni '60. Ai miei occhi, infatti, il centro sinistra era nato sull'accettazione di questa impossibilità e non poteva rappresentare altro che una parvenza di riformismo: c'era un accordo tra socialisti, democristiani e apparati dello Stato per bloccare quel processo di trasformazione reale invocato da un'ampia fetta della società.

La mia idea di allora era che ci volesse una spinta rivoluzionaria che sapesse raccogliere l'energia sociale, sprigionata dai grandi movimenti di quegli anni, in modo da far saltare il blocco istituzionale. Oggi, credo di poter dire che il mio errore di valutazione politica è stato quello di aver attribuito un peso eccessivo alla Democrazia cristiana. Mi sono accorto che il regime che teneva bloccata la situazione era di fatto un blocco di alleanze che coinvolgeva l'intero sistema dei partiti, anche quelli di opposizione. Un'opposizione finta! In realtà, il «cuore dello Stato» che volevamo colpire non era rappresentato solo dalla Dc, ma da tutto il complesso politico-istituzionale che proteggeva se stesso in una continuità di regime.

In quella situazione, comunque, per ottenere delle riforme vere si sarebbe dovuto scardinare il blocco e quindi «fare la rivoluzione». Così l'immagine del «riformismo armato» non appare del tutto irragionevole e contraddittoria: per ottenere le riforme bisognava armarsi.

XVI

Far West a via Maderno

Tra la morte di tua moglie e il tuo arresto a Milano passano sette mesi. Hai detto che dopo il disastro della cascina Spiotta non ti sei tirato indietro: quali sono stati in quel momento i vostri problemi?

È stato un periodo di crisi: convulso e carico di nervosismo. Poco dopo la morte di Margherita riunimmo la direzione strategica. I principali argomenti sul tappeto erano tre: l'autocritica per il modo superficiale in cui ci eravamo comportati, il vuoto lasciato da Margherita nella direzione della colonna torinese, l'urgente necessità di trovare dei soldi.

Incominciammo a ragionare sul fatto che anche le azioni meglio congegnate erano esposte ai rischi delle variabili umane: se non si poteva evitare l'imprevisto, bisognava comunque fare il possibile per ridurre al minimo l'area di rischio preventivabile. Decidemmo quindi di stabilire nuove e più rigide regole di sicurezza moltiplicando ogni tipo di cautela. D'altra parte, destinammo Zuffada e Casaletti al potenziamento della colonna di Torino. E discutemmo a lungo del modo in cui riprendere la nostra campagna di autofinanziamento. Spiegai che mi sembrava difficile e azzardato, dopo quanto era successo, ritentare un altro sequestro di persona. Ci trovammo più o meno tutti d'accordo nel tornare al vecchio metodo.

Cioè ricominciare a rapinare le banche?

Era il sistema più collaudato per procurarci denaro.

Nell'estate '75 ci lanciammo in una vasta campagna di espropri in tutta Italia che ci portò in tasca un gruzzolo equivalente a quello che avrebbe dovuto fruttarci il sequestro Gancia. Il fatto curioso è che per semplificare il lavoro preparatorio degli espropri tornammo a rapinare banche che avevamo già ripulito negli anni precedenti. E il sistema funzionò benissimo. In una filiale toscana, per esempio, il cassiere mi riconobbe: «Ma come, ancora qui! So che mi vuoi ripetere che non farete violenze, che la banca è assicurata... Allora ecco i soldi, senza problemi: però non sei così bravo, se venivi ieri prendevi il doppio».

Purtroppo, se le rapine filarono lisce, e ogni tanto anche allegre, altre cose continuarono a incepparsi. Cominciò una serie nera di disavventure e di arresti.

Provocata da cosa?

Soprattutto dalla disattenzione e dal nervosismo. Zuffada e Casaletti, in partenza per Torino, decisero di dormire una notte in un appartamento vicino all'imbocco dell'autostrada. Doveva trattarsi di un rifugio sicuro, ma i compagni a cui spettava il compito di gestire le case si erano dimenticati che era invece in qualche modo collegato a un altro appartamento caduto da tempo in mano alla polizia. I carabinieri lo tenevano sotto controllo e quando si accorsero dell'arrivo di qualcuno fecero irruzione e arrestarono i due compagni.

Il fatto creò un clima di forte tensione tra i brigatisti delle forze clandestine. Tanto che in un solo giorno a Milano mi toccò affrontare i problemi creati da tre incidenti d'auto capitati a militanti della mia colonna. Io stesso non fui risparmiato da quella spirale di distrazioni. La casa dove dovevo andare a stare provvisoriamente dopo la morte di Margherita mi era stata garantita come assolutamente sicura: invece la prima sera, controllando dalla finestra, mi accorsi che per la strada andavano avanti e indietro due uomini sospetti. Me la squagliai all'istante e pochi minuti più tardi la polizia arrivò e trovò l'appartamento vuoto. Mi era andata bene, ma c'era mancato un pelo.

Il 18 febbraio 1976 i carabinieri invece riescono ad arrivare in tempo e a catturarti nel tuo appartamento di via Maderno: anche questa volta per colpa di una vostra distrazione?

La catena di episodi che portò all'arresto di Nadia Mantovani e mio fu più complessa.

Alla crisi organizzativo-logistica delle Br milanesi si era aggiunta una nuova tensione politica interna dovuta alla «separazione consensuale» dal gruppo di Fabrizio Pelli e Corrado Alunni. Due compagni praticamente nati con la nostra organizzazione – il primo venuto dal calderone di Reggio Emilia e il secondo dai ranghi battaglieri della Sit-Siemens – che, probabilmente, spinti dalle difficoltà che stavamo affrontando, cominciarono a spostarsi verso un'idea di lotta meno centrata sulla presenza dell'organizzazione e più aperta alle istanze degli operai autonomi. Con loro ebbi una chiara discussione e mi sembrò che sopravvalutassero la consistenza dei segnali che venivano dalle fabbriche e dai quartieri: gli dissi che la cosa migliore a tal punto era una separazione senza traumi. Così si allontanarono dalle Br e si unirono ad altri compagni con i quali, di lì a poco, diedero vita alle Formazioni comuniste combattenti.

Tutti questi travagli interni, insieme all'affacciarsi di un nuovo scontento sociale e alla comparsa di nuovi modelli di rivolta, ci spinsero a riflessioni severe sul nostro futuro. Cosa era finito della nostra storia? Cosa poteva ancora essere portato avanti? Come doveva essere la nuova generazione Br? Per discutere di questi temi avevo convocato, tra Natale '75 e i primi giorni dell'anno nuovo, una riunione di direzione delle colonne di Torino e di Milano.

Ci dovevamo incontrare in una località sciistica della valle di San Pellegrino, nel Bergamasco. Aspettai su in montagna vari giorni, ma non vedendo arrivare Angelo Basone e Vincenzo Guagliardo mi preoccupai parecchio e decisi di tornare a Milano per capire quello che era successo.

Cosa era successo?

Da quanto ho appurato successivamente, il patatrac fu causato da un'incuria di Basone che aveva posteggiato la sua auto in una zona dove si doveva tenere un mercatino rionale. I vigili spostarono la macchina e si accorsero che aveva una targa falsa. Avvertirono i carabinieri i quali, seguendo Basone, arrivarono alla Mantovani e all'appartamento che abitava assieme a me.

Il tuo secondo arresto non è incruento come il primo: questa volta c'è una sparatoria. Volevi vendere cara la pelle?

Non si trattava di vendere più o meno caro niente. Ho aperto il fuoco soprattutto per far sapere a tutto il quartiere che l'appartamento di via Maderno era stato scoperto, evitando così che potesse trasformarsi in una trappola per altri compagni. Una volta ottenuto questo risultato, visto che non era possibile fare nient'altro, la pelle me la sono conservata e mi sono arreso.

Assieme alla Mantovani ero appena arrivato dalla montagna e ci stavamo vestendo da città per andare in giro per trattorie a vedere di rintracciare qualche compagno che ci potesse informare sull'accaduto. Stavamo per uscire quando, all'improvviso, sentiamo un fortissimo colpo contro la porta. Qualcuno tenta di buttarla giù. Ma non cede: c'era un grande gancio di ferro ad angolo che la rendeva molto resistente.

«Siamo carabinieri, aprite, non avete scampo!», urlano da fuori. Non apriamo e non rispondiamo. Cerco subito di immaginare una via di fuga. L'appartamento era un attico con un grande terrazzo confinante con altri. Si può provare da lì, penso. Usciamo sul terrazzo e, mentre scavalchiamo il muretto che ci separa dal vicino, mi accorgo che sul campanile della chiesa di fronte sono appostati due uomini armati che ci stanno tenendo sotto tiro. Con una precipitosa ritirata torniamo in casa: meglio tentare di mantenere per un po' la posizione al coperto e sollevare una gran cagnara, che farsi stecchire come allodole sui tetti.

Comincia allora una violenta sparatoria attraverso il portoncino d'ingresso che dura una ventina di minuti. Nell'appartamento le pallottole piovono come nel Far West. Di rimbalzo vengo colpito alla spalla e sanguino abbondantemente. Dalla finestra vedo che per la strada si è radunata molta gente: la cosa mi rassicura e decido che è inutile continuare.

Tra una scarica e l'altra un carabiniere intanto grida: «Mantovani, vieni fuori! Sono il colonnello Cucchetti, ti do la mia parola, se esci con le mani alzate non ti succede niente...». Mantovani? Resto perplesso: quel cognome non mi dice nulla. Chiamo Nadia, di cui conoscevo solo il nome di battaglia, e le chiedo: «Sei tu Mantovani?». Mi risponde di sì. Allora, penso, questi non sanno che qui dentro ci sono anche io.

E che non lo sapessero lo verifico subito dopo. «Smettete di sparare, mi arrendo, esco...», grido più forte possibile. Apro a fatica la porta che è ridotta un colabrodo. Mi saltano addosso in dieci e, dopo avermi gratificato dell'inevitabile razione di insulti e di botte, uno dei carabinieri mi guarda con attenzione, poi, tra lo stupore dei suoi colleghi, esclama: «Ma questo è Curcio!».

Quando mi caricano a forza sulla macchina nei loro occhi c'è aria di festa.

E Nadia Mantovani?

Viene portata via anche lei in un'altra auto. Io comunque l'avevo tenuta fuori dallo scontro a fuoco: si era riparata in una stanza interna e non aveva sparato un solo colpo. Lei non c'entrava molto con la faccenda delle Br, era una compagna che veniva dall'esperienza di Potere operaio a Mestre e, proprio perché era fuori dalle nostre storie, le avevo chiesto di abitare in casa con me: una norma di sicurezza stabiliva che i clandestini vivessero negli appartamenti a coppie regolari per apparire più «normali» possibile.

Tu sei ferito e sanguini: i carabinieri ti portano in ospedale?

Non subito. In via Maderno c'è una gran folla che si agita. Dalla spalla il sangue mi esce a fiotti e infilo un dito nel buco della ferita per comprimere la vena: la cosa funziona.

Nell'Alfetta dove vengo buttato a spintoni salgono il capitano Digati e un paio di carabinieri. Uno di questi, impressionato dal clima di tensione che c'è intorno a noi, grida a quello al volante: «Dai, dai, parti... Vai via, vai via !».

Al che il capitano si gira di scatto verso di me e mi appioppa una grandissima sberla: «Guarda che qua comando io, e non te», sibila.

«Ma non ho aperto bocca», ribatto seccato.

Lui allora capisce l'errore: «Mi scusi, pensavo che avesse voluto interferire».

Quando arrivo nella caserma di via Moscova si scatena una specie di braccio di ferro tra il nucleo speciale dei carabinieri di Dalla Chiesa e quelli del gruppo Milano 3 del colonnello Cucchetti che aveva guidato l'operazione del mio arresto. Gli uomini di Dalla Chiesa si fanno sotto minacciosi: mi vogliono prendere, non so bene se per pestarmi, passarmi a fil di spada, o interrogarmi senza troppe formalità. Il colonnello Cucchetti però mi protegge: mi piazza intorno una scorta armata, urla agli altri di allontanarsi e mi fa portare in una stanza dando ordine che nessuno si avvicini.

Nel gran trambusto, per i corridoi ci deve essere anche un giornalista del «Giornale nuovo» perché nei giorni successivi leggerò che mi avevano fatto un'intervista, cosa non vera, e addirittura che avevo mandato un messaggio segreto a Montanelli, cosa ancor più fantasiosa.

Fatto sta che rimango per più di un'ora chiuso in un bugigattolo, con il dito infilato nel buco della spalla, mentre fuori infuriano le rivalità intestine all'Arma. Alla fine una pattuglia mi viene a prelevare e mi trasporta a sirene spiegate al pronto soccorso di un grande ospedale. E lì c'è un altro scontro. Questa volta tra carabinieri e medici: i medici non vogliono i carabinieri nella sala operatoria, ma alla fine i carabinieri hanno la meglio e un paio di militari entra per sorvegliarmi a vista anche durante l'intervento. Un chirurgo, gentilissimo e abile, mi taglia la spalla da dietro e toglie la pallottola che si era fermata a pochi millimetri dalla giuntura.

Appena finita l'operazione mi rimettono in piedi alla meglio e partiamo di corsa verso San Vittore. Dove vengo chiuso in una delle microscopiche e nauseabonde cellette di isolamento. Per una settimana non potrò neanche cambiare i vestiti. Rimarrò così come ero: lercio di sangue e di sudore, traboccante di sconforto per gli errori accumulati.

XVII

I fantasmi del Grande Vecchio

Comincia così la tua lunga esistenza di carcerato e il tuo peregrinare per le varie prigioni d'Italia. Quanto sei rimasto a San Vittore?

Circa un mese. Poi vengo trasferito nel carcere di Pisa dove rimango in isolamento più di un anno: fino all'estate '77, quando mi portano all'Asinara ancor prima dell'inaugurazione della sezione di massima sicurezza voluta dal generale Dalla Chiesa.

A Pisa ero rinchiuso in un piccolo braccio di punizione assieme a pochi altri detenuti comuni considerati particolarmente pericolosi. È stato un periodo duro. A parte mia madre, che viveva a Londra, non avevo famiglia e quindi nessuno poteva venire a colloquio. Vedevo solo il mio avvocato, Edoardo di Giovanni, una volta al mese.

In quella situazione psicologicamente difficile, a un certo punto, durante i turni d'aria, cominciò ad avvicinarmi un detenuto americano, tale Ronald Starck, che si presentò come una specie di grande trafficante internazionale: mi raccontava delle sue piantagioni di hashish in Libano, di un aereo personale col quale andava in giro a commerciare foglie e altro...

Ronald Starck è l'uomo che poi, sostenendo di essere un agente della Cia, raccontò di aver infiltrato le Br e di conoscere un sacco di cose su di voi.

Al novanta per cento le sue erano balle. Prima di incontrare me aveva conosciuto Bertolazzi, che era stato rinchiuso in quella stessa sezione del carcere pisano fino al giorno prima del mio arrivo. Negli anni successivi ho parlato con quel compagno della faccenda ed ha escluso di aver confidato alcunché di interessante allo sconosciuto americano.

Dal canto mio rifiutai di prendere in considerazione la sua ambigua proposta di evasione.

Starck ti propose di evadere insieme a lui?

Non proprio. Mi spiegò che disponeva di una gran quantità di soldi con cui poteva finanziare un piano di evasione, anche grandioso, organizzato dai miei compagni. Gli risposi che le Br non erano una ditta specializzata nel fornire evasioni a ricchi detenuti e cercai di tagliar corto. Lui invece tentò a lungo di convincermi, sfornando vari argomenti e sostenendo di avere alle spalle potenti appoggi internazionali.

La sua insistenza mi insospettì decisamente e troncai ogni dialogo. D'altronde è regola corrente e antica in carcere diffidare degli sconosciuti, specie quando dimostrano di interessarsi alle tue confidenze. Ed io avevo già avuto una conferma diretta del buon fondamento di questa precauzione. Durante il mio soggiorno nel carcere di Casale Monferrato un detenuto che mi avevano appioppato come compagno di cella mi confessò che il direttore gli aveva chiesto di riferirgli tutto quello che raccontavo: «Per me è difficile rifiutare perché mi ricattano, ma tu non dirmi niente così io non ho niente da riferire», mi suggerì con una sua logica originale, ma efficace.

Non so chi fosse esattamente il signor Starck, né a cosa mirasse tentando di agganciarmi, comunque è certo che lui delle Br conosceva poco o niente.

A parte questa storia, che appare come il tentativo fallito di infiltrarsi nelle fila Br da parte di un agente un po' mitomane, si è molto discusso negli anni, e si continua ancora oggi, su sospetti collegamenti tra le Brigate rosse e i servizi segreti di svariati

paesi. Ne hanno parlato uomini politici come Giulio Andreotti e Bettino Craxi, ma anche alcuni magistrati inquirenti. C'è addirittura chi ha ipotizzato l'eventualità che, in certi momenti, la vostra organizzazione fosse strumentalizzata da qualche potere oscuro e straniero.
Per quello che hai vissuto come leader attivo fino al '76 e per quanto hai saputo dopo in carcere, puoi dirci cosa c'è di concreto nel misterioso capitolo riguardante i rapporti internazionali dell'organizzazione brigatista?

È un capitolo che potremmo benissimo chiudere ancor prima di aprire. La realtà delle cose è infatti così lontana dalle ammiccanti fantasie in cui è stata avvolta che nessun confronto sembra possibile...

Eppure si è detto di vostri contatti con i servizi segreti di paesi dell'Est, di campi di addestramento, di vostri santuari, insomma di un certo retroterra a voi favorevole.

Si sono dette moltissime sciocchezze. Dei paesi dell'Est nella mia vita ho conosciuto soltanto due persone, entrambe donne, ma non per questo Mata-Hari. La prima, polacca, studiava all'università di Trento ed era una ragazza deliziosa come il sorriso melanconico che solo lei sapeva esprimere. La seconda, Heidi Peush, moglie di Pierino Morlacchi, era venuta a Milano dalla Repubblica Democratica Tedesca per lavorare e studiare. Fu inquisita con me in uno dei primi processi degli anni '70 e non era certo una manovratrice occulta.

Così Dupov, [1] *Karlovy Vary* [2] *e Radio Praga non ti dicono niente?*

Mi ricordano storie del primo dopoguerra, vicende co-

[1] Città della Cecoslovacchia in cui si è detto funzionassero delle scuole di addestramento per terroristi, organizzate dai servizi segreti dell'Est.
[2] *Idem.*

me quella del partigiano Moranino,[3] e goffi tentativi di collegarli in qualche modo alle Brigate rosse.

Fabrizio Pelli, che era un ragazzo di spirito, quando lesse la storia del suo presunto addestramento in Cecoslovacchia corse a comperarsi una piccola scacchiera: «Così se mi trovano», mi disse, «crederanno di aver fatto centro». Era l'anno della grande sfida tra Fischer e Karpov e gli scacchi, per Fabrizio, simboleggiavano l'Est più del Palazzo d'Inverno. Anche Franceschini la buttò sul sarcastico quando si cominciò a favoleggiare circa suoi soggiorni a scopo di indottrinamento politico in Urss: «Credevo di essere andato a Mosca con un viaggio premio della Federazione giovanile comunista per via del giornalino "Il Pioniere" che avevo venduto da ragazzo, invece ora scopro che mi ci avevano portato per far scuola di rivoluzione; purtroppo ero troppo giovane e non me ne sono accorto!».

Insomma, ci ridevamo sopra a queste cose. E quando una certa Claire Sterling[4] tirò fuori la notizia che anche Margherita ed io avevamo fatto un corso di addestramento a Cuba con tanto di specializzazione successiva a Mosca, i compagni non riuscirono più a contenersi e cominciarono a chiamarci «compañera Popovna» e «compañero Popov».

Al momento del sequestro del generale americano James Lee Dozier, nel gennaio '82, le Br qualche contatto con gli agenti dell'ambasciata bulgara a Roma sembrano però averlo avuto: il brigatista pentito Loris Scricciolo ha raccontato di essere stato sollecitato dal cugino, Luigi Scricciolo, sindacalista della Uil, a organizzare un incontro con i bulgari. Incontro che sarebbe sta-

[3] Francesco Moranino, condannato all'ergastolo in Italia per dei crimini commessi durante la lotta partigiana e rifugiatosi in Cecoslovacchia dove lavorò alla sezione italiana di Radio Praga. Poi graziato dal presidente della Repubblica, Giuseppe Saragat.

[4] Giornalista americana autrice di vari libri sul terrorismo internazionale.

to fissato davanti al cinema Empire e al quale sarebbe andato il vostro compagno Luigi Novelli. Cosa sai di questa vicenda?

A quel punto io ero già in carcere da sei anni e la storia non mi riguarda direttamente. Ma è una storia vuota anche questa.

Dopo il rapimento del generale Dozier da parte delle Br-Partito comunista combattente,[5] qualcuno poteva ragionevolmente credere che ciò che restava della lotta armata in Italia tentasse di inserirsi nello scontro tra Est e Ovest. Il potere dell'Unione Sovietica era già in crisi, ma il clima delle relazioni internazionali restava molto teso. Anche in questo caso, tuttavia, un contesto plausibile non rende di per sé vera una millanteria.

Tutti i compagni delle Br-Pcc che ho incontrato in carcere sono stati assolutamente categorici nell'escludere un qualsiasi tipo di rapporto tra loro e esponenti delle istituzioni bulgare. Mi hanno raccontato che la proposta di Luigi Sricciolo venne esaminata e discussa: ma, sebbene potesse presentare qualche motivo di interesse, prevalsero le esigenze della cautela e venne deciso di lasciar perdere. Qualcuno sarebbe andato all'appuntamento davanti al cinema Empire solo per verificare la credibilità di Scricciolo. «Ma di bulgaro non si vide neppure un ombrello», mi ha raccontato Novelli. E non ho motivo di dubitare delle sue parole, né di quelle degli altri compagni che vissero quella vicenda.

Se non l'Est, allora Israele: vari pentiti hanno riferito di un'offerta di collaborazione che i servizi di Tel Aviv vi hanno fatto arrivare...

Solidarietà con il popolo palestinese e losche trame con i servizi sionisti: sembra la trama di un film di spionaggio. Nella realtà invece si tratta di un episodio minimo e di vo-

[5] Una delle due formazioni in cui si erano scisse le Brigate rosse.

ci incontrollate che, a forza di venire ripetute, sembrano diventate vere.

La storia è questa: nel 1973 qualcuno di cui si è persa memoria fece sapere a Margherita che non meglio precisati israeliani volevano incontrarci. Come biglietto di visita ci fornirono l'indirizzo di un presunto nascondiglio del povero Pisetta che, peraltro, non stavamo affatto ricercando. Decidemmo comunque di verificare l'attendibilità del messaggio: Margherita e Bertolazzi andarono in Germania, credo a Francoforte, dove i controlli fornirono un esito poco convincente.

Al rientro da quel viaggio ci chiedemmo: se fossero davvero i servizi israeliani a cercare un contatto con noi, cosa potrebbero volere? «Nel migliore dei casi, tenderci un'imboscata», rispose Margherita. E la cosa venne fatta cadere lì.

Se i fatti sono questi, secondo te perché c'è stata tanta insistenza nel voler attribuire alle Br dei rapporti esterni inesistenti?

La spiegazione più superficiale che mi viene in mente è che ciò serviva a mettere in moto le formule retoriche elementari della guerra fredda: l'album di famiglia, gli ascendenti ideologici, l'orchestra rossa e quant'altro. In particolare mi sembra che quell'insistenza tradisse il ricorso ai tradizionali esorcismi dell'ipocrisia politica: se qualcosa non funzionava nel Paese ciò non era dovuto alle contraddizioni sociali e alle dinamiche proprie della storia interna, bensì a qualche servizio segreto straniero che servendosi di alcuni sprovveduti mestava nel torbido. Inoltre, queste proiezioni immaginarie rappresentavano un ingrediente necessario alla dietrologia: uno dei tanti modi con cui certa sinistra ha tentato di denigrare la nostra immagine per evitare di dover riconoscere nella limpidezza dei nostri tratti ciò che essa aveva molto fabulato e mai osato.

Insomma, piuttosto che guardare in faccia un malessere reale esistente in Italia, c'era chi preferiva ipotizzare una causa aliena e misteriosa: il Grande Vecchio con la barba rossa, la stella di David o il cilindro di zio Sam.

Le Br, però, con i palestinesi dei contatti li hanno avuti: Moretti è addirittura andato in Libano su una barca a vela, il «Papago», a prelevare un carico di armi. Da quando funzionava quel rapporto di collaborazione?

Posso confermare che i rapporti con la resistenza palestinese ci sono stati e li considero un fatto apprezzabile. Non conosco direttamente la vicenda del «Papago» perché Moretti non me ne ha parlato, né ho ritenuto necessario fargli delle domande su una storia che non ha nulla di oscuro. Comunque, già prima che io fossi arrestato, avevamo avuto con i palestinesi dei contatti a livello di propaganda politica e avevamo diffuso alcuni documenti dei gruppi di George Habbash e Nayef Hawatmeh.

Con Moretti ho invece chiarito un altro aspetto della vicenda che mi interessava personalmente. Come qualcuno forse ricorderà, a un certo punto la stampa pubblicò insinuazioni sul fatto che «il Vecchio»[6] faceva frequenti viaggi a Parigi dove avrebbe intrattenuto rapporti con i palestinesi tramite Simioni e gli altri dell'Hypérion. Visto il modo brusco in cui, anni prima, avevo chiuso il dialogo con quei compagni, ero curioso di sapere se vi era stato un qualche tipo di riavvicinamento. Mi venne spiegato che effettivamente gli incontri con alcuni rappresentanti dei gruppi palestinesi avvenivano spesso a Parigi, ma che gli ex compagni dell'Hypérion non avevano niente a che vedere con la faccenda e i canali di collegamento erano di tutt'altro tipo.

Oltre ai palestinesi, chi procurava le armi alle Br? Ci hai raccontato che nei primi tempi il vostro armamento proveniva dai regali degli ex partigiani, ma non credo che le mitragliette Skor-

[6] Soprannome di Mario Moretti all'interno delle Brigate rosse.

pion e le bombe Srcm uscissero dai vecchi depositi della Resistenza...

Trovare le armi, contrariamente a quanto si potrebbe pensare, non è mai stato un problema per le Brigate rosse. Le pistole e alcuni fucili ce li procuravamo nel modo più semplice: acquistandoli nelle armerie di varie città con dei certificati di porto d'armi falsificati a regola d'arte da noi stessi. I mitra e le bombe a mano, in genere, le compravamo al mercato nero attraverso ex partigiani riciclati nella malavita dei quartieri popolari milanesi. Ogni tanto, tra il '72 e il '75, abbiamo condotto qualche blitz di approvvigionamento in Svizzera facendo man bassa nei tanti depositi privati di armi in dotazione dei cittadini elvetici che svolgono il servizio militare per brevi periodi nell'arco di molti anni. I nostri compagni del posto ci indicavano i nascondigli ed era particolarmente comodo rifornirsi gratuitamente con quel sistema.

Con gli autonomisti baschi dell'Eta e gli irlandesi dell'Ira avete avuto qualche contatto?

Non come organizzazione. L'impostazione delle Brigate rosse aveva davvero poco in comune con quelle vicende di lotta armata. Nel loro caso si tratta di popolazioni che rivendicano un sacrosanto diritto all'autonomia politica, culturale, linguistica, religiosa e la loro lotta viene portata avanti da tutte le classi sociali. L'orizzonte rivoluzionario e classista entro il quale ci muovevamo noi era invece qualcosa di ben diverso.

Personalmente ho avuto rapporti con dei militanti dell'Eta nel '69, a Trento. Erano due ragazzi fuggiti dal loro paese per scampare a una condanna a morte. Per qualche giorno mi occupai di procurargli un rifugio sicuro. Ricordo che durante una chiacchierata uno di loro mi disse: «Sai quello che mi stupisce di voi? Che non sapete cantare. La nostra lotta invece è tutta un canto...». Un'osservazione alla quale possono essere attribuiti molti significati, ma che mi è tornata in mente spesso nel corso degli anni.

Aiutare i compagni di altri gruppi in difficoltà faceva comunque parte di una solidarietà militante internazionalista assai diffusa alla fine degli anni '60. Solidarietà che, per quel che mi riguarda, ebbe un'altra occasione di manifestarsi, tra il '67 e il '68, a favore della lotta di liberazione del Mozambico.

Veniamo a un altro tipo di rapporti all'interno dei carceri: quelli tra i detenuti Br e gli uomini della mafia e della criminalità. Nel novembre '92 il grande pentito di Cosa nostra Tommaso Buscetta ha raccontato alla Commissione parlamentare antimafia che durante il sequestro Moro «qualcuno», con l'interessamento di «un ministro», lo aveva contattato perché andasse dai brigatisti detenuti nel carcere di Torino «a chiedergli di salvare la vita di Moro». Cosa sai di questa storia?

Tra le numerose richieste di intervento in favore della liberazione di Aldo Moro da me ricevute nel carcere di Torino non ce n'è stata nessuna proveniente da esponenti di Cosa nostra. D'altra parte lo stesso Buscetta ha chiarito che a Torino non ci arrivò ed è quindi comprensibile che io non abbia saputo nulla di questa vicenda. Il punto più interessante della sua testimonianza mi sembra però essere quello in cui riferisce che la mafia siciliana in un primo tempo fu spinta a muoversi per la salvezza del leader democristiano e poi venne stoppata da un contrordine. Perché, come ha riferito Buscetta, «qualcuno non voleva liberare Moro». E questa è una sensazione che negli ultimi giorni del sequestro, leggendo gli avvenimenti dall'interno della mia cella, ho avuto in modo netto anche io.

Posso aggiungere che il racconto del boss siciliano mi sembra verosimile e contiene degli elementi di verità che sono in grado di confermare. Non c'è dubbio che alla fine degli anni '70 e all'inizio degli anni '80 qualcuno all'interno del potere politico ha tentato di usare gli uomini della malavita organizzata per farci la guerra nelle carceri e condizionare in qualche modo i nostri comportamenti.

Hai delle prove di quanto affermi?

Sono cose che conosco per esperienza diretta. Nel '79, subito dopo la rivolta dell'Asinara, mi tennero per un mese nel carcere di Pianosa. Lì, invece di essere messo in un braccio con tutti gli altri compagni, venni chiuso, assieme a Bertolazzi, in una sezioncina di cui l'unico altro occupante era Francesco Turatello.[7]

Non so a chi era venuta l'idea di farci trovare faccia a faccia, praticamente isolati. Certamente il fatto era preoccupante e avrebbe potuto creare non pochi problemi. Turatello, oltre ad essere il capo indiscusso di una potente banda, passava per uno che aveva idee di estrema destra, girava con un'enorme svastica d'oro al collo e, per di più, era grande e grosso il doppio di me. Una prospettiva poco rassicurante visto che nei mesi passati, in varie carceri speciali, c'erano state delle risse tra nostri compagni e uomini del suo clan a causa di attriti sull'organizzazione degli «spazi vitali» reciproci.

Che faccio?, pensai. O rimango chiuso in cella senza andare all'aria e passo per pauroso, oppure vado all'aria e lo affronto. Optai per la seconda soluzione.

L'aria era un cortiletto di pochi metri quadrati. Lui era già lì. Ci guardammo per un attimo in silenzio, poi mi si avvicinò e prese l'iniziativa di parlare: «Sono molto amico e socio in affari di un tuo conoscente, Renato Vallanzasca,[8] so che avete avuto ottimi rapporti di convivenza carceraria e non c'è motivo perché non avvenga lo stesso qui tra noi». L'inizio sembrava buono e così cominciò un lungo dialogo.

Mi disse che la svastica era solo un gioiello, regalo di Vallanzasca, che lui non era affatto un nazista, anzi, non si occupava proprio di politica e si considerava semplice-

[7] Boss della grande malavita milanese, ucciso a coltellate nel carcere di Nuoro nel 1981.
[8] Capo di una banda di rapinatori che ha operato a Milano nei primi anni '70.

mente un «grande commerciante». Proprio perché era un «commerciante», mi spiegò, aveva bisogno di gestire i suoi traffici anche dal carcere e si doveva conquistare il maggior spazio di manovra possibile, comprando tutto quello che c'era da comprare e corrompendo tutti quelli che si potevano corrompere. «So che voi pensate e agite in modo del tutto diverso, questo ha creato qualche attrito, ma non c'è invece nessuna ragione di farci la guerra...». Stabilimmo allora un accordo di pacifica convivenza con l'impegno di estenderlo a tutte le altre carceri speciali.

«Non sono un delatore, non sono uno che va a trattare con i direttori delle prigioni o i politici del ministero», concluse Turatello a sugello di quella pax carceraria, «e te lo voglio dimostrare raccontandoti un fatto». Così mi riferì che, poco dopo la conclusione del sequestro Moro, «alcune persone importanti di Roma» lo avevano contattato per chiedergli se era disponibile a scatenare nelle carceri una guerra contro di noi. Ovviamente in cambio di alleggerimenti di pena e altri benefici per lui e per quelli del suo clan.

Con «persone importanti di Roma», intendeva degli uomini politici?

Turatello non ha specificato, ma da come parlò mi sembrò che alludesse ad ambienti politici, più che amministrativi o polizieschi. Aggiunse di non aver accettato la proposta perché non era un provocatore al servizio di nessuno e perché da uno scontro tra detenuti non sarebbe venuto nulla di buono.

Quella sera, per festeggiare la nostra «intesa» ed esibire tutto il suo potere, mi invitò a cena nella sua cella. La tavola era imbandita di ogni ben di Dio: rigatoni col pomodoro fresco, capretto al forno, vino, Cognac...

Anche con i mafiosi avevate stabilito un'intesa di quieto vivere in carcere?

Sì, fin dal primo momento in cui ci hanno riunito insieme nelle carceri speciali. Sulla scia di arzigogolati disegni provocatori ci siamo trovati spesso mischiati a uomini di Cosa nostra, 'Ndrangheta e Camorra: non solo negli stessi bracci, ma anche nelle stesse celle. Sapevamo bene che il carcere è un universo con delle sue regole precise e capimmo subito che uno dei nostri problemi era quello di tenerci alla larga da personaggi che vivevano la reclusione in modo diametralmente opposto a noi: per i mafiosi le pratiche di corruzione e il sistema dei favoritismi erano scontati, mentre noi li escludevamo in modo rigoroso.

Perciò nel '77, al momento dell'apertura delle carceri speciali, la direzione Br interna alle prigioni – il cosiddetto «Centro interno» di cui ero uno dei coordinatori – fece una scelta precisa: quella di stabilire che tutti i nostri militanti detenuti dovessero a ogni costo evitare conflitti con questo o quel gruppo organizzato di detenuti. E abbiamo sempre ripetuto ai vari uomini di mafia, ai vari camorristi e malavitosi che ci erano vicini: «Siamo tutti chiusi qui: non pestateci i piedi e noi non li pesteremo a voi».

Questa pax interna è sempre stata rispettata?

Quasi sempre. Si è trattato di un rispetto reciproco dei propri spazi che ha fatto comodo a tutti.

Ricordo, per esempio, che nell'83-'84 a Palmi mi piazzarono in una cella vicina a quella di Luciano Liggio, mentre in altri bracci c'erano uomini della Nuova camorra che non vedevano certo di buon occhio il grande boss siciliano. Una posizione decisamente scomoda: riuscii comunque, anche in quell'occasione, a tenere dei rapporti di neutralità e di equidistanza con tutti.

Non solo, quando in quel carcere noi politici scatenammo una dura lotta contro l'amministrazione, prendemmo in esame anche l'ipotesi di una rivolta. Ipotesi che scartammo proprio per non coinvolgere Liggio in un'avventura pericolosa che non lo riguardava. E per non crearci dei problemi con la mafia.

XVIII

Salvate Aldo Moro

Come hai saputo che avevano sequestrato Aldo Moro?

Quella mattina di marzo ancora fredda ero andato all'aria con Bertolazzi. Camminavamo su e giù in uno stretto passeggio di cemento chiuso da reti di ferro. Mi trovavo nel carcere Le Nuove di Torino per il primo processo alle Br iniziato nel '76, ma poi rimandato per mancanza di giudici popolari e interrotto per vari motivi.

Seduto in un angolo, da solo, c'era un ragazzo un po' sciroccato, dentro per droga. Ascoltava una radiolina che aveva in mano. A un certo punto, tra sé e sé, ma ad alta voce, esclama: «Hoi, hanno sequestrato Moro!».

Noi ci guardiamo e ci mettiamo a ridere, credendo in una sua sciocchezza. «Moro chi?», chiediamo come idioti.

«Moro, Moro, quel politico... di Roma», risponde lui alzando la testa e fissandoci con un'aria vagamente ironica.

Allora capiamo che era vero. Rimaniamo frastornati. Non sappiamo se l'azione era delle Brigate rosse, ma chi altro può averla fatta? Però ci sembra una cosa fuori dimensione. Le sensazioni si accavallano: preoccupazione, curiosità, anche timore. Intuiamo subito che un'impresa così clamorosa può influire pesantemente sui destini dell'organizzazione, ma anche sui nostri personali.

Intanto dalle celle cominciano ad affacciarsi altri detenuti che hanno sentito anche loro il giornale radio e urlano la notizia.

Qual è la tua prima reazione?

Rientro nella cella che dividevo con Franceschini e Fabrizio Pelli. Inizia un momento frenetico. Ognuno cerca di trovare informazioni, conferme. Col passare del tempo appare sempre più evidente che sono state le Brigate rosse ad agire in via Fani. A quel punto un doppio sentimento lavora in noi. Accidenti quanto sono forti fuori! Molto più di quanto non pensassimo! Un'azione così importante, così politicamente rilevante, può significare un rafforzamento notevole dell'organizzazione, un salto di qualità del nostro potere di intervento. Ma, d'altra parte, ci sono le paure, i dubbi, l'ansia di non sapere. Certo, se lo hanno fatto, avranno valutato bene le cose, cerchiamo di convincerci. La reazione però sarà durissima. Potrebbe andare a finire male. Cosa potrà succedere?

Ma tu, personalmente, che analisi hai fatto in quel momento?

Io debbo dire che percepii subito un dislivello molto forte tra le capacità politiche delle Brigate rosse che agivano all'esterno e i problemi politici che un'azione così rilevante avrebbe posto. Ebbi la netta sensazione che l'azione compiuta rappresentasse un passo più lungo della gamba.

Non ero impressionato da quella che poi Franco Piperno definirà «la geometrica potenza» dell'operazione: militarmente non mi appariva al di sopra delle capacità delle Brigate rosse; a parte l'uccisione degli agenti di scorta, si trattava di un sequestro alla Sossi, più in grande. Ma capii che con Moro veniva ad essere colpito un vasto disegno politico in atto nel paese e che quell'iniziativa avrebbe avuto delle conseguenze politiche più gravi di quelle poliziesche.

Presto affiorò anche la consapevolezza che noi in carcere potevamo correre un grande rischio. I fatti di Stammheim erano avvenuti da pochi mesi. Andreas Baader, Karl Raspe, Gudrun Ensslin, li avevo incontrati a Milano alcune volte; la loro morte in carcere pesava nei nostri pensieri come un macigno.

Pensavate davvero di rischiare qualcosa di grosso?

Non so se qualcuno temette proprio di poterci rimettere la pelle. Certo è che io ed altri capimmo che se la vicenda avesse preso una brutta piega delle conseguenze non irrilevanti sarebbero pesate anche su noi.

Che fare? In carcere aprimmo subito una discussione. La linea che passò fu questa: non dobbiamo in alcun modo venire coinvolti nella faccenda; i detenuti sono una cosa e quelli che hanno agito fuori sono un'altra cosa; se qualcuno cercherà di inserirci nel gioco come mediatori dobbiamo rifiutarci. In primo luogo perché realmente in quel momento non avevamo rapporti con l'organizzazione esterna rispetto alla quale, tra l'altro, da più di un anno eravamo in polemica dura. In secondo luogo perché se fossimo riusciti ad allacciare dei contatti ci saremmo potuti infilare in una situazione molto pericolosa, come il dramma di Stammheim aveva dimostrato. Quindi prendemmo la decisione di stare alla larga da ogni sviluppo della vicenda.

Ma nei proclami letti nell'aula del processo di Torino avete dichiarato la vostra totale solidarietà con i brigatisti sequestratori.

Quella fu la posizione ufficiale. Noi, ci dicemmo, siamo dei militanti delle Br e dobbiamo sostenere nel bene e nel male, dal punto di vista ideologico e politico, la scelta dell'organizzazione. Più tardi, eventualmente, ne potremo discutere la gestione e gli eventuali esiti. Adesso dobbiamo esprimere solidarietà e basta.

In pratica ti muovevi su un doppio binario: pensavi una cosa, ma ne manifestavi un'altra. È così?

Non parlerei di doppio binario, mi sembra una forzatura. La verità è che io ero un militante Br che doveva far fronte a una situazione assolutamente eccezionale: sentivamo la tensione dell'intero paese, direi quasi del mondo, scaricarsi addosso a noi. Comunque dovevamo fare i conti con la realtà che ci esplodeva intorno, non potevamo far finta di niente e restare sullo sfondo.

D'altra parte le mie perplessità personali erano in via di gestazione e non ancora salde certezze. Sarebbe più tardi venuto il momento, pensavo, di approfondirle ed esternarle.

Come andrà a finire? È una domanda che certo ti sarai posto fin dall'inizio. Hai pensato che il sequestro si potesse risolvere con la liberazione di Moro, come era successo per il giudice Sossi?

Me lo sono augurato. Pensavo che fosse la soluzione più intelligente, ma non avevo elementi per sapere quanto potesse risultare probabile.

Nel caso del giudice Sossi il nostro scopo non era stato quello di uccidere un uomo, ma di realizzare un'azione di propaganda dimostrando la nostra capacità di tenere un prigioniero per quindici giorni e guadagnare una grande popolarità. E scegliemmo di restituire il giudice vivo anche se lo Stato con i suoi inganni fece di tutto per favorire un epilogo tragico. In quell'occasione sapemmo reagire senza intransigenza e stupidità, facendo prevalere la ragione politica. Con Moro la decisione non dipendeva più da me. La logica delle Br si era irrigidita, la loro ottica era cambiata. Non avevo nessuna certezza.

D'altra parte quando i compagni esterni avanzarono la proposta dello scambio tra la vita di Moro e la liberazione di alcuni prigionieri politici mi si aprì dentro una speranza. In qualche modo si poteva intravvedere l'eventualità di una soluzione positiva. Erano già stati fatti degli scambi in altri paesi: con i Tupamaros in Uruguay, in Germania con Lorenz.[1] Mi dicevo: la richiesta di liberazione di tredici prigionieri politici può essere una richiesta simbolica, di fac-

[1] Peter Lorenz, borgomastro di Berlino sequestrato dal gruppo armato tedesco «2 Giugno» il 27 febbraio 1975 e rilasciato pochi giorni dopo in cambio della liberazione di cinque terroristi.

ciata; i compagni, in realtà, potranno trovare mediazioni soddisfacenti e, di fronte a un evento clamoroso come il sequestro di Moro, ci sarà ben qualcuno in Italia capace di ragionare e di escogitare una soluzione accettabile; magari una contropartita indiretta e non immediatamente percepibile, come la liberazione di qualche guerrigliero in qualche parte del mondo.

Cosa cambiò in carcere dopo il sequestro?

La sorveglianza divenne rigorosissima. Le perquisizioni corporali, comprese quelle anali, molto frequenti. Però, come spesso succede nelle occasioni di estrema tensione, si creò un complesso doppio rapporto con le guardie: lunghi silenzi, grande rigidità, sguardi carichi di minaccia, un'assoluta delimitazione dei propri spazi e un esasperato controllo di ogni gesto per evitare qualsiasi tipo di equivoco. Venivamo trattati come individui super-pericolosi, ma evidentemente apparivamo anche carichi di un'ambigua suggestione. E nei nostri confronti si creavano delle attenzioni particolari: spesso gli agenti venivano a riferirci le notizie dei giornali radio, ci consegnavano rapidamente i chili di posta che ricevevamo e altre cose del genere.

Tra di noi cercavamo di scaricare la tensione e sdrammatizzare. Organizzavamo degli scherzi. Per esempio, quando un compagno andava all'aria, quelli rimasti in cella gli facevano trovare le sue cose preparate nella sacca e gli dicevano che sarebbe uscito presto perché il suo nome era tra quelli previsti per lo scambio. Oppure Pelli e Franceschini, miei coinquilini, appena mi addormentavo appendevano alla branda un cartello col mio nome e una freccia indicatrice: come per indirizzare su di me i pestaggi di un'eventuale incursione punitiva notturna. Un gioco per esorcizzare i nostri timori.

Dall'esterno avete ricevuto delle richieste? Siete stati oggetto di pressioni?

Il primo rapporto con l'esterno è stato nell'aula del processone di Torino, un paio di giorni dopo il sequestro. Quando entrammo nelle gabbie la sensazione che percepii più di ogni altra fu l'eccesso di silenzio. Un silenzio pesante, denso di attese. Tutte le teste erano girate verso di noi, tutti gli occhi puntati su di noi, si sarebbe sentita volare una mosca. Nell'immaginario collettivo eravamo chiaramente noi, lì nelle gabbie di ferro, quelli che avevano sequestrato Moro, che avevano ammazzato i tre poliziotti della scorta. C'era, anche da parte nostra, un grandissimo imbarazzo. Un'incertezza nella definizione del proprio ruolo.

Poi il gelo si sciolse, prevalsero la curiosità, le esigenze dell'informazione, la calca dei giornalisti e degli operatori televisivi, i microfoni ammassati davanti alle sbarre. Tutti ci urlavano domande, volevano sapere.

E voi?

Noi ci attenemmo a quello che avevamo deciso. In pratica, non rispondemmo niente sul sequestro: non volevamo essere coinvolti. Ripetemmo delle dichiarazioni formali. Io dissi più o meno questo: «Faccio parte dell'organizzazione Brigate rosse e condivido il suo operato; se volete sapere chi sono le Br e perché hanno compiuto questa azione leggete i loro volantini».

Il presidente del tribunale, Guido Barbaro, dal canto suo fu molto abile e serio. Riuscì a mandare avanti il processo senza farsi travolgere. In quell'aula si dovevano giudicare dei fatti avvenuti tra il 1970 e il 1975, ma la pressione dell'attualità era enorme. Barbaro ebbe la capacità di tenere fuori condizionamenti di ogni tipo ed evitò che da parte nostra riuscisse il tentativo di strumentalizzare la situazione per una campagna pubblicitaria a sostegno delle Br.

Malgrado questo vostro atteggiamento, ci fu qualcuno che si rivolse direttamente a te chiedendoti di fare qualcosa per la liberazione di Moro?

Nell'arco di quei cinquantacinque giorni ho ricevuto

vari tipi di richieste. Marco Boato venne in aula e chiese di potermi rivolgere un appello in nome della nostra vecchia amicizia: «Siamo stati all'università di Trento insieme, conosco le tue qualità umane e intellettuali, non credo che tu possa condividere quanto sta avvenendo, perciò ti esorto a fare il possibile per la liberazione del prigioniero». Questo il succo del suo messaggio al quale, attenendomi alla linea stabilita in carcere, non potei rispondere che con il silenzio.

Anche Franca Rame durante un incontro in carcere mi fece un discorso dello stesso tipo. Una sera verso le nove e mezzo vennero a chiamarci nelle celle dicendo che c'era una persona per un colloquio collettivo. A quell'ora era un fatto assolutamente anomalo. Comunque andai con Franceschini e Ognibene. Ci portarono in una saletta senza vetro divisorio: un altro dettaglio decisamente straordinario perché, in quel periodo, tutti i nostri colloqui, anche quelli con i familiari più stretti, avvenivano attraverso una spessa vetrata. Seduta al tavolo c'era Franca Rame. L'avevo vista recitare e la stimavo molto, sia come attrice che per il suo lavoro in favore dei detenuti. Ci disse di aver ricevuto l'autorizzazione all'incontro dal ministero di Grazia e Giustizia, ma di non essere venuta come portaparola di qualcuno.

«Rappresento solo me stessa», mi spiegò, «sono una militante di sinistra e mi sento solidale con chiunque stia in carcere, anche con Aldo Moro. Credo che quello che stanno facendo le Brigate rosse sia molto pericoloso per tutti, quindi mi auguro che voi possiate pronunciare delle parole efficaci per la sua salvezza».

Le risposi che non aveva senso rivolgersi a noi. Moro non era nelle nostre mani e non potevamo interferire con l'organizzazione esterna. Mi dispiacque vederla andare via disillusa. Le sue parole erano state calorose e sincere.

E gli altri tipi di richieste che hai avuto?

Quelle indirette, per posta, anonime. Intanto ci furono

una decina di visite del mio avvocato, Giannino Guiso. Sul suo ruolo e sui suoi contatti con i socialisti si è molto scritto e discusso. Posso solo dire che, mano mano che i giorni passavano, gli ho esposto con franchezza i miei punti di vista sulla vicenda senza ricevere da parte sua nessuna richiesta precisa. A un certo punto ho notato che fu assente dall'aula per una decina di giorni, ma non ho idea di cosa abbia fatto in quel periodo. Quello che lui potesse andare a riferire e a chi non era affar mio.

Di pressioni invece me ne arrivarono tante per posta. In quel periodo ricevetti moltissime lettere...

Quante?

Varie centinaia. Certamente qualcuno coordinò una specie di operazione postale nel tentativo di condizionarmi. Infatti mi arrivarono lettere di interi ordini religiosi: frati, preti, suore di clausura, missionari. Tutti scrivevano più o meno la stessa cosa: «Crediamo nella sua onestà intellettuale; confidiamo che il suo cuore venga toccato e la preghiamo di fare qualcosa per la salvezza di Moro...».

Mi arrivarono anche messaggi di alcune scolaresche e i temi degli allievi di decine di scuole elementari.

Solo messaggi di religiosi e bambini?

No, anche molte lunghe lettere di persone che dovevano appartenere al mondo della diplomazia e dei servizi segreti. Venivano non solo dall'Italia, ma anche dalla Germania, dagli Stati Uniti, dalla Francia. Erano firmate «un amico», «un signore che la giudica intelligente», «uno che vede chiaro», ecc. Alcune erano molto interessanti. Ben scritte, con analisi politiche estremamente articolate che tendevano a prospettarmi vari scenari in cui, comunque, le Brigate rosse avrebbero avuto tutto da guadagnare nel rilasciare Moro vivo. In carcere le abbiamo lette attentamente e commentate. I ragionamenti che contenevano erano spesso convincenti. Il vero errore di chi scriveva consisteva nel non aver capito che non si trattava di convincere me, ma i compagni Br che agivano all'esterno e avevano in mano il sequestrato.

Infine, c'è stata una terza categoria di lettere. Quelle di giovani, studenti, operai, che auguravano successo e lunga vita alle Brigate rosse. Moltissime con tanto di firma e indirizzo. Chi scriveva non mi chiedeva esplicitamente di voler entrare nelle Br, ma esprimeva solidarietà e ammirazione. Insomma il succo era: «Che bravi che siete; questo mondo fa schifo e va cambiato, meno male che ci siete voi!».

Ho addirittura ricevuto dalla Germania due vaglia di mezzo milione «come gesto di sostegno militante». Mi vennero regolarmente consegnati dall'amministrazione carceraria, ma io non li accettai perché poteva trattarsi di una provocazione: non volevo trovarmi un giorno di fronte all'accusa di aver preso dei soldi da un qualche servizio segreto. Ricordo che il mio rifiuto sbalordì un agente di custodia il quale tentò di convincermi: «Ma non faccia lo scemo, è una bella somma; un giorno si pentirà di aver rispedito al mittente tutti questi soldi...».

Così passano i cinquantacinque giorni del sequestro. La notizia dell'assassinio di Aldo Moro ti arrivò inaspettata o come qualcosa di previsto e inevitabile?

Inaspettata, francamente, non fu. Negli ultimi tempi tutti gli avvenimenti a cui avevo assistito dal carcere mi avevano infatti indotto a riflessioni assai pessimiste. Mi sembrava veramente sconcertante, addirittura incomprensibile, che un sistema politico come quello italiano non fosse riuscito in due mesi a mettere a punto una strategia per affrontare il rapporto con le Brigate rosse. Non riuscivo a capire come mai non ci fosse stato nessuno capace di andare oltre la decisione di non decidere niente sul caso Moro...

Perché parli di «decisione di non decidere»? La maggioranza delle forze politiche pensava che quella di non trattare con le Brigate rosse fosse una decisione. E che fosse la decisione giusta.

A mio parere la decisione di non trattare equivaleva praticamente a quella di non decidere. Non decido niente e mi auguro che nel frattempo qualcosa succeda; spero che i brigatisti si stanchino, che qualcuno li trovi... Questo fu più o meno il livello del ragionamento politico di quei giorni.

E questo, senza possibilità di dubbio, significava condannare a morte Moro. Perché, nel frattempo, le Br dicevano: voi dovete fare qualcosa, anche una piccola cosa, anche solo qualcosa di simbolico, ma qualcosa dovete fare.

C'è chi, come il leader dell'area di Autonomia Franco Piperno, ha sostenuto che per salvare Moro sarebbe bastato un «riconoscimento politico» delle Br da parte della Democrazia cristiana. Si è molto parlato di una breve dichiarazione che Fanfani era pronto a fare alla riunione della direzione Dc in piazza del Gesù proprio quel 9 giugno e che non arrivò in tempo. Secondo te un'iniziativa di questo tipo sarebbe stata una contropartita sufficiente per Moretti e compagni?

Personalmente pensavo che la frase di un democristiano, come di qualunque altro uomo politico italiano, avesse ben poco valore. In cambio della vita di Moro le Br chiedevano un atto politico e non solo parole. Per come l'azione era stata ideata e impostata da chi l'aveva compiuta, la posta in gioco era la liberazione di qualche prigioniero politico. Loro ne chiedevano tredici. Si poteva arrivare a due, anche a uno. Ma niente era davvero troppo poco.

In carcere ho parlato con Moretti e con gli altri compagni che hanno condotto l'azione: la storia del «riconoscimento politico», della frase pronunciata da un democristiano, li faceva sorridere. Le Br, durante il sequestro Moro, di riconoscimenti ne hanno avuti in abbondanza: le dichiarazioni del Papa, quelle del presidente delle Nazioni Unite, le spinte dell'opinione pubblica... Non c'era bisogno di nessuna dichiarazione di un politico per prendere atto della realtà: cioè del fatto che in Italia, in quel momento, esistevano le Brigate rosse con una loro capacità di intervento e un loro «potere».

D'altra parte Moretti mi ha raccontato che le Br avevano sinceramente sperato di riuscire ad arrivare in qualche modo a una soluzione accettabile del sequestro senza dover uccidere Moro. Per ottenere quel risultato si erano mosse in molte direzioni e avevano aperto diversi canali riservati. Ed è con sgomento, mi ha detto, che negli ultimi giorni hanno dovuto prendere atto di quella che loro hanno interpretato come la definitiva chiusura di ogni possibità di manovra e di trattativa.

Ciò che, secondo Moretti e compagni, aveva segnato inequivocabilmente il mutamento di tendenza e la vanificazione dei loro sforzi erano stati il messaggio del Papa – «Uomini delle Brigate rosse... vi prego in ginocchio, liberate l'onorevole Aldo Moro, semplicemente, senza condizioni...» – e il successivo interrompersi dei contatti in corso. Da quel momento i compagni che avevano in mano il presidente Dc si convinsero che non c'era più niente da fare e che all'interno del blocco dei partiti aveva prevalso una precisa volontà di chiudere ogni spazio di trattativa.

C'è anche chi ha sostenuto che la vostra direzione strategica aveva comunque deciso fin dall'inizio l'uccisione del leader democristiano.

Si tratta di una voce assurda, messa in giro strumentalmente. Io so che le Br furono sbalordite nel constatare che, malgrado la durata del sequestro, nessuno fosse riuscito ad aprire una trattativa concreta.

Se un rapinatore ti punta una pistola alla testa e dice «dammi il portafoglio», tu il portafoglio glielo dai e poi cerchi qualche modo efficace per riavere il maltolto. Moro, per di più, era un personaggio centrale della vita politica italiana e se per salvargli la vita non si è voluto aprire uno spiraglio, io credo che qualcuno, da qualche parte, quantomeno si augurasse un epilogo irreversibile.

Sono certo, e lo ripeto, che il sequestro non era stato progettato dalle Br per uccidere Moro, ma per ottenere un risultato politico concreto: un risultato che non era rigidamente prestabilito e che avrebbe potuto anche essere notevolmente ridimensionato rispetto alle richieste iniziali dei brigatisti.

Secondo te, per le Brigate rosse è stato comunque un errore decidere l'assassinio di Moro?

È stata una scelta tragicamente distruttiva per l'organizzazione che in quel momento non aveva la forza politica di gestire un fatto di quella portata. Certamente, il non aver valutato sin dall'inizio l'eventualità di potersi trovare di fronte a un atteggiamento di chiusura totale, che avrebbe comportato la scelta semi-obbligata di uccidere il prigioniero, è stato sintomo di scarsissima lungimiranza strategica da parte dei compagni che hanno programmato il sequestro.

Personalmente, di fronte alla notizia della morte di Moro sono stato preso da vero sconforto. Intanto perché verificavo che l'intuizione avuta inizialmente, cioè che le Br avevano messo in piedi un'azione al di sopra delle loro capacità politiche, era perfettamente esatta. Poi, perché cominciai a capire che anche gli effetti organizzativo-militari della vicenda sarebbero stati disastrosi.

Uno «sbaglio», quindi, che segnò l'inizio della fine delle Brigate rosse?

Questo io non solo l'ho pensato subito, ma l'ho anche scritto. Appena ricevuta la notizia del ritrovamento del cadavere in via Caetani, durante le ore d'aria nel carcere di Torino, con Franceschini, Bertolazzi e gli altri compagni del vecchio nucleo, aprii una discussione che si fece sempre più tesa, durò mesi e sfociò in un incrociarsi di documenti.

Il succo, a volerla dire brevemente, era questo: le Brigate rosse sono finite; la loro storia si chiude con questa azione che porta a un livello estremo delle pratiche politico-militari di una fase precedente, quella della propaganda armata. A questo livello estremo, che in realtà rappresenta un vero salto di qualità, le risposte dell'opinione pubblica, dello Stato italiano, delle forze internazionali, non possono essere più quelle di prima. E le Br non sono nate, non sono preparate, non sono organizzate per affrontare un nuovo livello di scontro di questo genere. Non si tratta di adattarsi a una nuova situazione di scontro militare, ma di chiudere la storia della nostra organizzazione.

Questo lo scrivemmo nel comunicato firmato da tutti i compagni del processo di Torino. Un documento che, dal '78 all'81, fu lo spunto di infinite traversie e scontri. Perché nessuno riuscì a venire a capo dei problemi che in quel testo avevamo posto.

Pubblicamente però, nell'aula torinese, hai continuato a sostenere l'operato delle Br. Perché?

Come ho detto, quando le Br rivendicarono l'azione finale del sequestro ne presi atto con vero sconforto. Ma dovetti prenderne atto. In quel momento bisognava gestire una situazione estremamente delicata e ritenni necessario separare la discussione interna all'organizzazione dall'atteggiamento pubblico. Era giusto perché, malgrado tutto, mi identificavo con la storia delle Br e non potevo pensare di abbandonarle al loro destino come qualcosa che non mi riguardasse più.

Nell'aula del processo, il giorno dopo la morte di Moro, la tensione era drammatica e regnava un silenzio molto più minaccioso di quello che ci aveva accolto cinquantacinque giorni prima. Il presidente Barbaro si augurò, immagino, che noi non parlassimo. Io invece chiesi la parola. Lui rispose: «Se è per fatti attinenti al processo, va bene».

«Sì, fatti attinenti», dissi io. Avevo concordato con gli altri di citare una frase di Lenin. Scandendo bene le parole e sforzandomi di apparire calmo recitai: «La morte di un nemico di classe è il più alto atto di umanità possibile in una società divisa in classi...». Si trattava evidentemente di un rito autorassicurante, di un escamotage per affrontare quel momento difficilissimo. C'era in noi la consapevolezza di essere di fronte alla fine di un'esperienza storica, ma in quelle poche ore era stato impossibile definire un discorso preciso con cui sintetizzare i nostri giudizi e la nostra analisi.

I carabinieri non mi fecero finire di parlare. Entrarono nella gabbia, mi sollevarono di peso e mi buttarono fuori dall'aula.

Allora prese la parola Franceschini e venne portato fuori anche lui. Poi toccò a Maurizio Ferrari e agli altri. Tutti cercavamo di ripetere la stessa frase, non era molto importante quale fosse, per far capire che eravamo uniti e militanti di un'organizzazione in cui ci riconoscevamo ancora. Uno sforzo teso, in realtà, più a rinsaldare noi stessi che a convincere gli altri.

XIX

L'inizio della fine

Mi hai detto che, subito dopo l'epilogo del sequestro Moro, avete aperto in carcere un lungo dibattito sul destino delle Br: se non sbaglio questo travaglio produsse il cosiddetto «Documentone».

È esatto. «Documentone» è il nome che affibbiammo a un malloppo di oltre cento pagine messo a punto all'Asinara nell'agosto '79. La sua storia è interessante.

Come ho ricordato, il processo di Torino si chiuse con un nostro comunicato in cui sollecitavamo, sia pure in forma ancora vaga, una discussione generale tra tutte le colonne Br che affrontasse le incognite del periodo che ci stava di fronte. Se la fase di propaganda armata era esaurita e quella della guerra civile non si profilava, cosa rimaneva da fare? Aveva ancora un senso la nostra organizzazione così com'era stata originariamente concepita? Secondo noi, la risposta doveva essere:«No».

Per affrontare questi problemi, nella primavera '79 i brigatisti prigionieri all'Asinara (eravamo praticamente tutto il gruppo «storico», Franceschini, Ferrari, Bonavita, Ognibene, Bertolazzi...) elaborarono due documenti. Uno, dal titolo «Cappuccetto rosso», lo scrissi io. Un altro, che era una specie di risposta a «Cappuccetto rosso», lo buttarono giù Franceschini, Bertolazzi e altri.

Seguirono infuocate discussioni, aggiustamenti, correzioni di tiro. Infine venne fuori una sintesi dei due testi il cui titolo non lasciava scampo: «Dieci tesi».

Franceschini ha parlato in proposito di «un progetto di nuova organizzazione»: quali erano le tue idee in proposito?

Ero del parere che la debolezza politica delle Br fosse un ostacolo decisivo per quel salto di qualità che era ormai indispensabile compiere attraverso nuove iniziative: dovevamo assumerci maggiori responsabilità politico-organizzative nei confronti di tutte le diverse formazioni di lotta armata presenti in Italia e anche allargare la discussione a più ampi settori dell'estrema sinistra, non solo quella clandestina e militarizzata.

Durante il sequestro Moro, Prima linea e altri gruppi armati avevano condotto varie azioni a sostegno delle Br, ma nonostante ciò i rapporti con le altre formazioni rimanevano sempre tesi e conflittuali. Le divergenze, le rivalità e le ripicche prevalevano sempre sugli elementi unificanti.

La nostra analisi era: o noi oggi creiamo un dibattito allargato, senza gelosie e ambizioni egemoniche, e riusciamo a costruire i presupposti di un effettivo schieramento politico unitario, pur nella diversità delle impostazioni, oppure la nostra presenza rimarrà confinata al piano militare e verremo sfracellati.

Comunque, le «dieci tesi», con l'estate, divennero venti e intorno ad esse si venne raccogliendo un certo numero di «pezze d'appoggio» per un totale di cento e passa pagine dattiloscritte. In settembre, più o meno nei giorni programmati per l'evasione dall'Asinara, il lavoro era finito.

Lo avete fatto arrivare ai compagni esterni?

Sì, e non senza qualche difficoltà visto il volume del fascicolo: anche in quell'occasione però i collegamenti tra l'interno e l'esterno del carcere funzionarono a dovere.

Di quel lavoro, svolto con entusiasmo pari alle difficoltà delle circostanze, eravamo piuttosto soddisfatti. L'ipotesi che potesse non essere apprezzato dai nostri compagni ci sembrava senz'altro da scartare. E invece la risposta che arrivò ci lasciò di sale...

Dove vi arrivò questa risposta?

Nel carcere di Firenze. Una settimana dopo la battaglia dell'Asinara del 2 ottobre fummo trasferiti a Firenze per rispondere dell'accusa di aver propagandato l'insurrezione armata, la guerra civile e altro. Un processo coi fiocchi. Nel senso che fioccarono condanne per oltre cento anni: dieci a testa. E dire che per tutto quello che avevo fatto come brigatista ero stato condannato dal tribunale di Torino a soli cinque anni!

Fatto sta che a Firenze ci giunse la risposta dell'esecutivo al nostro «Documentone». Lapidaria. Due righe di scrittura minuta su una cartina da sigarette: «Non sappiamo bene dove sia l'errore, ma nelle vostre tesi un errore c'è senz'altro». Punto.

Mesi di discussioni, tensioni, elaborazioni, liquidati così!

E tu che hai fatto?

Beh, noi abbiamo preso un'altra cartina da sigarette e in bella calligrafia abbiamo scritto: «I militanti delle Brigate rosse prigionieri chiedono le dimissioni dell'esecutivo». Punto.

Era un fatto grosso. Dall'altra parte del filo c'era Mario Moretti e sapevamo bene che la nostra presa di posizione avrebbe intaccato gravemente una controversa, ma pur sempre profonda, amicizia. La nostra sfiducia suonava come una rottura e di quel momento mantengo ancora un ricordo decisamente spiacevole.

Forse l'essere stati così drastici fu un errore. O forse no. È impossibile dire come si sarebbero sviluppate le cose se non avessimo fatto quel passo. Ma la nostra esasperazione era giunta a un tal punto che non fummo capaci di maggiore cautela. Iniziarono tempi difficilissimi. Le comunicazioni con la direzione esterna si fecero sempre più rade e, se possibile, ancora più violente.

Alcuni compagni, nel clima di disgregazione che seguì, subirono crisi profonde. Bonavita, ad esempio, nei mesi successivi maturò in silenzio la decisione di staccarsi dalle Br.

Anche Valerio Morucci e Adriana Faranda, che avevano partecipato al sequestro Moro, pur non essendo detenuti vissero una loro crisi e ruppero con le Br. La loro vicenda ti ha in qualche modo coinvolto?

È stato un altro episodio doloroso. Morucci e Faranda, sapendo dei nostri dissidi con la direzione, individuarono in noi un possibile referente politico e scelsero di investirci direttamente del loro conflitto, chiamandoci ad arbitri.

Nel dicembre '78 ci arrivò dall'Asinara un loro messaggio di varie pagine miniaturizzate dentro il tacco di una scarpa. Criticavano gli esiti dell'operazione Moro e, soprattutto, esprimevano una diversa valutazione di quale dovesse essere il lavoro e l'impostazione dell'organizzazione, auspicando un maggior collegamento tra le Br e i movimenti degli autonomi. In pratica il problema che sollevavano era quello dei rapporti tra brigatisti e Autonomia operaia...

Quali erano questi rapporti? Durante il sequestro Moro alcuni leader dell'area di Autonomia, Scalzone, Piperno, Negri, lanciarono più o meno pubblicamente dei messaggi sostenendo che dopo le lettere di Moro, duramente accusatorie nei confronti della Dc e di tutta la classe politica, la sua liberazione sarebbe stata assai più destabilizzante che non la sua morte. Come venne recepito dalle Br questo messaggio, che era una specie di cinico ragionamento politico, ma anche un appello a liberare Moro vivo?

Tra le Br e l'area di Autonomia in quel momento i rapporti non erano né buoni né facili. I brigatisti alle prese con la clamorosa operazione Moro erano tutti tesi a consolidare la loro egemonia politico-militare. Avevano un atteggiamento di chiusura e di superiorità critica nei confronti degli altri raggruppamenti che venivano ritenuti inadeguati ad affrontare i nuovi livelli di scontro.

I messaggi di Scalzone, Piperno e compagni non vennero assolutamente presi in considerazione dalla direzione di Moretti: la maggior parte dei brigatisti li vide come un'interferenza inopportuna. Nell'organizzazione serpeggiava addirittura la convinzione che ex leader di Potere operaio – in particolare proprio Piperno e Scalzone – avessero tentato di pilotare, dopo il sequestro Moro, il dibattito interno all'organizzazione attraverso Morucci e Faranda i quali, prima di entrare nelle Br, erano stati militanti di Potop. L'accusa che più o meno velatamente gli veniva mossa era quella di aver cercato di prendere il controllo delle Br nel momento in cui erano molto forti dal punto di vista organizzativo-militare, ma debolissime dal punto di vista politico.

Secondo te ci fu questo tentativo degli ex di Potere operaio di fare da pesce pilota alle Brigate rosse?

Io non credo che un disegno subdolo di quel tipo ci sia stato. Scalzone e Piperno in quel periodo esprimevano delle posizioni chiare, scrivevano sui giornali, parlavano in pubbliche assemblee. Se alcune loro opinioni interagirono con le posizioni di qualche militante Br, questo non dipese certo da una macchinazione condotta attraverso Morucci e Faranda.

D'altra parte, chi dirigeva le Brigate rosse in quel momento non si muoveva su un terreno di valutazione politica del genere di quella espressa dai leader di Autonomia, ma sulla base di riflessioni e reazioni meccaniche incanalate in rigidi schemi di propaganda armata. Certo, si trattava di una debolezza intellettuale e politica. Ma è inutile provare a reinventare la storia immaginando che le Br fossero allora capaci di ragionare in altro modo. In quel momento c'erano cose urgenti a cui pensare e c'era una grande difficoltà a pensare in termini politici. E proprio perché dopo Moro non si è più riusciti a ragionare politicamente, le Brigate rosse sono arrivate rapidamente al disastro.

Giriamo la cosa in altro modo: a te è venuta l'idea che la liberazione di Moro, il quale si sarebbe probabilmente trasformato in una mina vagante e comunque in elemento di crisi per il quadro politico, potesse rappresentare un risultato positivo per le Brigate rosse?

Era certamente una valutazione ben presente nella mia testa. Tanto più che in carcere avevo ricevuto decine di lettere che prospettavano questo tipo di scenario. Ma quello che pensavo io non poteva avere nessun peso. In quel momento ero un semplice spettatore. Evidentemente la scelta delle Br è stata disastrosa: tanto è vero che ne sono uscite distrutte. Ma, secondo me, il loro errore più grave è antecedente alla decisione finale di uccidere Moro: si colloca nel momento in cui decisero un'azione senza averne programmato tutti gli esiti possibili, senza aver studiato una via di uscita da usare nel caso in cui i poteri dello Stato avessero sbarrato ogni spazio di trattativa.

Torniamo a Morucci e Faranda: dal carcere cosa gli avete risposto?

Noi leggemmo il loro messaggio come un sintomo di crisi profonda dell'organizzazione. Era l'inizio della frantumazione e la cosa non ci rallegrava certo.

In quel periodo di scontro duro con le Br esterne ci trovavamo in una situazione di preoccupante isolamento e non volevamo aggravare le cose prestando il fianco all'accusa di tramare con dei «dissidenti» per rimescolare le carte. Allora scrivemmo ai compagni della direzione riferendo che avevamo ricevuto il messaggio di Morucci e chiedendo un loro parere sulla vicenda.

Ci arrivò presto una risposta drastica: state molto attenti, Morucci e Faranda sono usciti dall'organizzazione e stanno conducendo una politica di spaccatura; non vogliamo avere più niente a che fare con quei due e vi chiediamo di condannare il loro operato.

Voi aderiste a quella richiesta?

Ci consultammo e un po' di malavoglia, almeno da parte mia, decidemmo di scrivere un documento, intitolato «L'estate è tempo di zanzare», in cui denunciavamo Faranda e Morucci come «sgretolatori» della nostra organizzazione.

Ne ho un ricordo sgradevole, non tanto per il testo particolarmente duro, ma per il meccanismo politico che innescò. Noi scrivemmo quel documento – che venne addirittura mandato all'Ansa – sollecitati dai compagni esterni, ma qualche tempo dopo venimmo a sapere che loro non erano soddisfatti e non avevano gradito il tono da noi usato perché, in realtà, speravano ancora di poter mediare con i due dissidenti.

Insomma, prima ci chiesero un intervento e poi lo criticarono. Personalmente mi sentii giocato.

Dopo l'operazione Moro le Br tacquero pubblicamente per lungo tempo. Solo a distanza di vari mesi diffusero un documento sulla «Campagna di primavera» in cui però non dicevano quasi niente delle «confessioni» di Moro. Eppure, quando fu scoperta la trascrizione dell'interrogatorio al quale lo aveva sottoposto Moretti, ci si rese conto che il leader democristiano aveva raccontato alle Br cose di un certo interesse: per esempio, aveva descritto esattamente la struttura segreta di Gladio.
Come mai i Brigatisti non hanno usato in qualche modo questi materiali?

Dall'idea che mi sono fatto poi, parlando in carcere con i compagni che hanno condotto l'azione, i motivi per cui quel materiale non è stato utilizzato sono soprattutto due.

La prima ragione fondamentale è che la direzione ha sottovalutato quello che Moro aveva detto, forse senza neanche ben capire alcuni passaggi delle cose da lui raccontate. Hanno ritenuto che, tutto sommato, il loro prigioniero, nel suo noto linguaggio contorto e bizantino, se la fosse cavata col gioco di dire e non dire, fornendo indicazioni generiche o già note, tali da non prestarsi a un uso politico sensazionale di fronte a una platea non sofisticata e molto vasta.

Quello che loro avrebbero ritenuto importante sapere era chi aveva la responsabilità delle bombe di piazza Fontana, chi aveva gestito la strategia della tensione, a chi la Cia consegnava i soldi degli americani, e altre notiziole di questo tipo. Ma è probabile che al prigioniero non furono neanche fatte le domande più appropriate per tirargli fuori nel modo migliore analisi e notizie.

A noi in carcere arrivò l'informazione che Moro non aveva detto niente di importante e che quindi non c'era urgenza di far circolare i materiali del suo interrogatorio. Certo, alla luce di quanto è venuto fuori dopo, si è trattato di una sottovalutazione grave, di un vero e proprio errore marchiano.

Il secondo motivo sta nel fatto che dopo l'uccisione di Moro si scatenò una campagna poliziesca fortissima e i compagni ebbero un sacco di problemi urgenti da risolvere. Problemi logistici, problemi di sopravvivenza.

Quando più tardi venne affidato al gruppo di lavoro composto da Azzolini, Bonisoli e Nadia Mantovani il compito di preparare i materiali dell'interrogatorio di Moro per la diffusione, ci fu l'irruzione dei carabinieri nell'appartamento di via Montenevoso dove erano custoditi i documenti e l'arresto di quei tre compagni.

A proposito di via Montenevoso, esiste o no un mistero in quell'intercapedine sotto la finestra, scoperta casualmente solo dodici anni dopo, con dentro il testo dell'interrogatorio di Moro, le veline delle sue lettere e cinquanta milioni?

Nessun mistero. Quel nascondiglio era stato costruito e usato dai brigatisti che abitavano nell'appartamento. Quando li incontrai in carcere a Milano, poco dopo il loro arresto, parlammo della vicenda: erano sbalorditi del fatto che chi aveva compiuto la perquisizione non lo avesse scoperto. I casi sono due, mi dissero: o qualcuno ha fatto sparire i documenti e si è intascato i soldi, oppure prima o poi sarà il caso di fare un salto là e riprendersi il malloppo.

La Commissione parlamentare di inchiesta sul sequestro Moro ha in qualche modo dato credito alle voci secondo le quali le Br sono state, coscientemente o incoscientemente, eterodirette. È possibile che i brigatisti non fossero realmente autonomi?

No. Secondo quella che sino ad oggi è la mia conoscenza dei fatti e delle persone, non dispongo neanche del più piccolo elemento per ritenere che le Br siano state un fenomeno manovrato e non autentico. E questo vale anche per il sequestro Moro. Certo, dall'esterno ci sono stati degli interventi che ogni tanto hanno ottenuto qualche risultato, come, per esempio, l'infiltrazione di frate Girotto. Ma si tratta di episodi insignificanti che non hanno mai condizionato l'andamento generale della vicenda brigatista.

L'episodio Moro, per quanto ne so e per quello che mi hanno raccontato Moretti, Gallinari e vari altri compagni, ha una storia perfettamente trasparente che non contiene nessun mistero. Naturalmente, mi riferisco all'operato delle Brigate rosse, perché invece molte sono le storie oscure che hanno ruotato, e continuano a ruotare, intorno alla vicenda. Storie esterne che non riguardano i brigatisti e che dovrebbero essere spiegate proprio da chi si diletta nella brutta letteratura sui misteri fantasma e la dietrologia strumentale.

Un esempio? In tutti i testi di misteriologia si continua a parlare di una macchina tipografica – trovata nella tipografia clandestina delle Br gestita da Enrico Triaca e Antonio Marini – che era appartenuta a un ufficio dei servizi segreti. Quali inquietanti collegamenti passavano attraverso questo scambio di materiale? Il fatto non costituisce forse una «prova» che i brigatisti fossero «aiutati» strumentalmente da forze oscure? Una risposta ben più banale me l'ha data lo stesso Marini raccontandomi che, per risparmiare, aveva comperato quella macchina in un negozio dell'usato, per altro noto da tempo ai magistrati inquirenti.

Si è anche ampiamente parlato del «mistero delle borse»: cinque cartelle di cuoio che Moro aveva con sé nell'automobile al momento del sequestro e che sono state prelevate dai brigatisti. Giulio Andreotti ha dichiarato in varie occasioni di temere che possano riemergere nuovi documenti compromettenti collegati allo statista assassinato, mentre la signora Eleonora Moro ha più volte ripetuto che una di quelle borse conteneva documenti assai importanti. C'è anche chi ha lasciato trapelare che un qualche dossier di Moro arrivato nelle mani dei brigatisti potesse avere avuto un'importanza tale da far mettere in discussione, per qualche giorno, la linea che il governo doveva tenere nei confronti dei sequestratori.
Moretti ti ha chiarito qualcosa sulla dibattuta faccenda di cosa il presidente della Dc avesse con sé nelle borse o di quali documenti possano essere stati consegnati alle Br nel corso dei cinquantacinque giorni della sua prigionia?

Sulla storia dei documenti ricevuti dai brigatisti nessuno mi ha mai detto niente; e anche sulla vicenda delle borse non ho discusso in modo approfondito con Mario perché non mi è sembrato un argomento molto interessante. Ricordo soltanto che, un giorno in cui i giornali per l'ennesima volta rivangavano la vicenda, il compagno, chiacchierando durante l'ora d'aria a Rebibbia, sbuffò: «Che palle con quelle borse! Rimarrebbero veramente tutti delusi se sapessero quello che c'era dentro; due contenevano effetti personali e medicine; le altre, tesi di laurea, appunti per l'università e, soprattutto, lettere con richieste di raccomandazioni; tantissime richieste di raccomandazioni un po' per tutti...».

Niente mistero, dunque, solo la banale notizia che anche il presidente era un gran dispensatore di «buone parole». Ma prima di concludere il disastroso bilancio del dopo Moro, vorrei segnalare una curiosa contraddizione.

Cioè?

Mentre si incrociavano le contestazioni interne e iniziava la disgregazione politico-organizzativa delle Br, si scatenò un'ondata di richieste di adesione all'organizzazione. Dall'area dell'Autonomia, dagli altri gruppi armati molti chiedevano di entrare nelle Brigate rosse. Il motivo non era dovuto soltanto al fascino della clamorosa operazione militare compiuta dai brigatisti, ma soprattutto agli effetti della dura repressione scatenata dopo l'uccisione di Moro. I militanti dei gruppi più piccoli e meno organizzati si sentivano con l'acqua alla gola. Se non vogliamo finire in galera o scappare all'estero, si dicevano, l'unica è confluire nelle Br.

E questa mole di richieste creò ulteriori problemi. Intanto perché arrivarono persone più o meno sconosciute, la cui maturità politica, talvolta assai discutibile, non poteva essere adeguatamente valutata: una debolezza che comincerà a produrre presto i suoi effetti con il dilagare dei pentiti. Poi perché le spese dell'organizzazione lievitarono enormemente: garantire la sicurezza di un militante clandestino aveva un costo economico notevole. Infine perché il prezzo politico fu altissimo: in una situazione già turbata dai profondi conflitti irrisolti, l'inserimento di persone estranee all'organizzazione, che non avevano mai avuto nessun rapporto col vecchio gruppo storico, fece saltare ogni possibilità di discussione costruttiva e di intesa.

[illegible]

[illegible]

XX

La battaglia dell'Asinara

Mentre si apriva la crisi del dopo-Moro, tu e gli altri brigatisti del gruppo storico eravate nel carcere speciale dell'Asinara: un soggiorno tormentato che si concluse con una grande rivolta. Nel 1990 ho visitato la colonia penale dell'isola e alcune guardie carcerarie mi hanno parlato ancora di quell'episodio come di un evento semi-leggendario.

Fu una vera e propria battaglia. Ma prima di arrivare alla mancata evasione e alla rivolta ho vissuto in quell'isola alcune situazioni curiose, anche divertenti.

Misi piede per la prima volta all'Asinara nel giugno '77, alla vigilia dell'inaugurazione del cosiddetto «circuito dei camosci», il sistema di carceri speciali ideato dal generale Dalla Chiesa. Nei primi mesi mi tennero in una delle quattro cellette del micidiale «bunker» assieme a uno dei capi dei Nuclei armati proletari, Gentile Schiavone, e un detenuto comune politicizzato dalle lotte carcerarie, Massimo Battini. Dopo il processo di Torino, venimmo tutti gradualmente concentrati a Fornelli, uno dei centri penali dell'Asinara, attrezzato apposta per riceverci: una specie di grande casamatta rettangolare tutta circondata da un muro di cinta bianco, caldissima d'estate, fredda e umida d'inverno.

L'isola era un vero paradiso marino, ma nel super-carcere la situazione risultava assai poco amena. A Fornelli eravamo una sessantina: noi brigatisti, qualche militante dei Nap e di altre formazioni armate e una ventina di detenuti comuni ritenuti più pericolosi. Trascorrevamo il tempo scrivendo i documenti di cui abbiamo parlato, discutendo, giocando partite di calcetto in minuscoli cortiletti, tre contro tre, con una palla di stracci. E progettando senza sosta l'evasione.

Ma la vicenda dell'Asinara non può essere raccontata senza parlare di Cardullo, un personaggio che sembra uscito dalla fantasia di Salvador Dalì, e con cui si instaurò subito un curioso rapporto.

Chi è Cardullo?

Il direttore del carcere e l'imperatore dell'isola. Un uomo decisamente pittoresco e umoristico, molto istrione e mitomane, un po' autolesionista, ma con un fondo di dignità. Credo che fosse in un certo senso affascinato da noi brigatisti. E compiaciuto della sua capacità di affrontarci a muso duro. Ci ripeteva sempre un discorso che suonava più o meno così: «Va bene, io so di essere ormai impotente a controllare quello che fate all'interno dei muri di Fornelli; probabilmente lì avete anche dell'esplosivo e delle armi; cucinatevi quello che volete; discutete; tramate pure; so che il vostro obiettivo non è quello di conquistarvi un'ora d'aria in più o litigare con le guardie; il vostro obiettivo è di evadere; ma io vi aspetterò fuori dal muro e vi giuro che al di là di quel muro non riuscirete a mettere il naso; voi da quest'isola non evaderete mai».

Noi gli rispondevamo, con altrettanta teatralità, che invece da quell'isola ce ne saremmo andati. E presto.

Quando avvenivano queste sceneggiate?

Nei momenti più diversi. Ad esempio, quando per i colloqui bisognava andare da Fornelli alla Centrale, circa dieci chilometri di strada sterrata lungo spiagge e scogliere selvagge, mi accompagnava quasi sempre Cardullo in persona. Anche da solo. Mi veniva a prendere con la sua jeep e mi faceva sedere accanto a lui, senza manette. Spesso portava il suo enorme doberman che, appollaiato sul sedile posteriore con la lingua di fuori, mi alitava fastidiosamente nel collo.

Ripeteva il suo discorso sulla nostra evasione impossibile, ma mi leggeva anche le sue poesie sollecitando il mio giudizio. Si fermava sul bordo della strada. Mi indicava il tramonto, il mare, il cielo. «Guarda che meraviglia», diceva. E poi cominciava a declamare.

E come erano queste poesie?

Mah, direi non più brutte della media di quelle prodotte dalla massa dei nostri poeti dilettanti. Inni alla bellezza della natura, molte metafore, simbolismi bucolici. Una volta però fece di più. Mi sfidò ad ucciderlo.

Come, in duello?

In una di quelle sfide psicologiche che, secondo me, lo facevano sentire «uomo». La jeep in quel momento percorreva un sentiero che sovrastava un dirupo. «Vedi Curcio», mi disse, «se dai uno strattone allo sterzo, precipitiamo e mi uccidi; ma so che tu non ne hai il coraggio; per questo posso permettermi di portarti con me da solo; voi parlate, parlate, ma poi...».

«No guarda, il problema non è che io non ho il coraggio di uccidere te», gli risposi, «il fatto è che la tua vita non vale la mia: sarei anche disposto a buttarti di sotto, ma senza precipitare anch'io». E giù quattro risate.

Con Cardullo si finiva sempre per avere degli scontri verbali vagamente surreali. Il suo era un modo anche drammatico di vivere dei problemi personali pesanti. «Io nella vita non ho più niente da perdere», mi confessò un giorno, «ho bruciato tutte le mie spinte vitali, ma mi rimanete voi e la mia unica soddisfazione è che di qui non riuscirete mai a scappare».

A parte le sfide con Cardullo, voi nell'estate '79 avete preparato davvero un'evasione: perché fallì?

Fallì a causa di circostanze esterne. Intanto bisogna ricordare che tra i vari motivi di scontro tra noi detenuti e la direzione Br c'era anche la nostra convinzione che l'obiettivo della liberazione dei prigionieri politici fosse stato dimenticato. O perlomeno che non venisse perseguito con la tenacia e la determinazione necessarie. L'impegno per la liberazione dei prigionieri, da Andreas Baader in poi, era sempre stata una costante della guerriglia urbana in Europa. Ma, dopo il fallimento politico dell'operazione Moro e il lungo silenzio delle Br, noi ci sentivamo abbandonati.

E allora reagimmo mandando messaggi di questo tenore: guardate che non potete liberarvi della nostra presenza facendo finta che non esistiamo più; o mettete in cantiere qualche progetto concreto per liberarci, oppure ci penseremo da soli, ma questo scaverà un fossato ancor più profondo tra noi.

Quale fu la risposta?

Nell'organizzazione il problema venne affrontato. Si creò un «Fronte carceri» che lavorò per rendere operativo il piano di evasione che avevamo preparato. In luglio alcuni compagni fecero un campeggio nella penisola di Stintino, separata dall'Asinara da uno stretto braccio di mare, per studiare le vie di fuga, i punti di approdo dei gommoni e altre cose del genere.

In cosa consisteva il piano di evasione?

Si trattava di sfondare muri e finestre con l'esplosivo per creare delle brecce e permettere ai detenuti di uscire in massa dalle celle e dal braccio. Poi, una volta fuori, il muro di cinta non avrebbe costituito un grosso problema perché era abbastanza basso...

Ma sarebbero accorsi i carabinieri con le armi, le guardie carcerarie.

Non c'era dubbio. Lo scontro a fuoco era previsto e noi dovevamo anche impossessarci dell'armeria di Fornelli. Avremmo dovuto poi correre verso il mare, che in linea d'aria distava poche centinaia di metri. Sulla riva, nel frattempo, sarebbe sbarcato dai gommoni un commando di compagni bene armati, che ci avrebbe protetti con un fuoco di sbarramento. Divisi in vari gruppi, i canotti ci avrebbero portato a delle imbarcazioni più veloci, tipo i motoscafi dei contrabbandieri di sigarette, che ci dovevano sbarcare in punti diversi della costa. Un piano abbastanza grandioso, ma che a noi dell'isola in quel momento non appariva irrealizzabile.

Allora aveva ragione Cardullo quando diceva che a Fornelli avevate esplosivo e armi. Come vi erano arrivate? Dove le nascondevate?

Certo che aveva ragione. Il braccio di Fornelli era praticamente un panettone imbottito di esplosivo al plastico, di micce, di detonatori e di una quantità di armi bianche: coltelli, spadoni, vere e proprie scimitarre. Pistole non ne avevamo, ma avrebbero dovuto arrivarci nei giorni subito precedenti l'evasione.

La tecnica con cui questo materiale riusciva a filtrare attraverso i cancelli era collaudata da anni e anni di esperienza: nei pacchi viveri, negli indumenti, durante i trasferimenti da un carcere all'altro...

L'esplosivo, non individuabile con i metal-detector era facile da far passare e ne avevamo accumulato a chili: nascosto, come tutto il resto, in cuniculi scavati nei muri, nelle intercapedini, nei tubi di scarico dei cessi, nei rulli delle macchine da scrivere. D'altra parte eravamo grandi appassionati di macchinette da caffè Moka. Ne possedevamo di tutte le misure. Le guardie ridevano: «Ma quanti caffè vi fate? Bevete meno e dormite di più». Non avevano capito che quelle macchinette sarebbero state i contenitori di future bombe: riempite di plastico, con detonatore e miccia, diventavano ordigni di discreta potenza.

Tutto sembrava pronto. Cosa non funzionò?

L'organizzazione esterna. Non era stata ancora fissata

una data precisa, ma l'evasione doveva avvenire entro settembre. Quando eravamo già in fase operativa, nei primi giorni di agosto, ci arrivò un messaggio dalla direzione: «Cari compagni», diceva, «purtroppo a causa di una serie di complicazioni e di difficoltà non siamo riusciti a procurarci in tempo utile le imbarcazioni veloci indispensabili all'operazione, perciò l'evasione è rimandata all'estate prossima».

Fu una vera e propria mazzata. Ci infuriammo. Aspettare un altro anno non era possibile. I rapporti con Cardullo e con gli agenti di custodia erano arrivati a un punto di rottura. E negli ultimi tempi, in previsione dell'azione imminente, avevamo riempito il carcere di armi in modo strabocchevole. Non era pensabile di poter reggere ancora molto in quella situazione. Prima o poi i nostri nascondigli sarebbero stati sicuramente scoperti.

Mandammo agli esterni una specie di ultimatum: fate quello che volete, mobilitatevi, arrangiatevi, ma noi qui non possiamo reggere; succederebbe certamente un patatrac. Al che ci arrivò un altro messaggio negativo: non è possibile, non abbiamo i mezzi, non facciamo in tempo, cercate di resistere.

E noi, sempre più infuriati, rispondemmo che le loro difficoltà non venivano da problemi organizzativi, ma da scelte politiche sballate. Scrivemmo che non avevano messo un impegno adeguato nel realizzare quello che doveva essere un obiettivo improrogabile della lotta armata: la liberazione dei prigionieri politici, cioè la nostra evasione. E aggiungemmo, usando il tono minaccioso della disperazione, che vista l'impossibilità di reggere all'Asinara altri dodici mesi, avremmo studiato un progetto alternativo.

In che cosa consisteva?

In realtà, non facemmo in tempo a studiare un bel niente perché la situazione precipitò. A fine settembre venne arrestato Gallinari con in tasca una mappa dell'isola e dei chiari riferimenti all'evasione. Di conseguenza, a Fornelli scattò una mastodontica perquisizione che ci colse di sorpresa. Fummo tutti chiusi all'aria mentre il braccio veniva messo a soqquadro. Non sufficientemente però, perché trovarono qualche coltellaccio, ma non l'esplosivo, le micce e i detonatori.

Da quel momento il clima in carcere cambiò radicalmente: regime rigorosissimo, isolamento totale, nessuna attività in comune, silenzio assoluto degli agenti di custodia. La sensazione fu che qualcosa di più grave potesse succedere da un momento all'altro. Allora, dopo un frenetico scambio di bigliettini tra tutte le celle, decidemmo che non si poteva aspettare ancora: dovevamo agire subito.

Decideste la rivolta?

Sì, una rivolta che aveva come scopo la distruzione radicale di Fornelli, in modo da rendere obbligatorio il nostro trasferimento altrove.

Naturalmente, a questa azione radicale dovevano partecipare tutti i detenuti. Avvertimmo anche i comuni, che accettarono senza esitazione il progetto.

Le operazioni sarebbero scattate la sera del 2 ottobre, quando Ognibene doveva uscire dal braccio per una telefonata. Al rientro, lui e il suo compagno di cella, Pasquale Abatangelo, avrebbero dovuto trascinarsi appresso una o due guardie da usare come ostaggio. In quell'istante si sarebbe scatenato il putiferio. Nelle celle tutti dovevano darsi da fare con l'esplosivo, con i ferri delle brande, con qualsiasi mezzo possibile, per abbattere i muri divisori e creare un unico camerone nel quale poter resistere insieme e continuare a lavorare all'opera di distruzione dell'edificio.

I fatti andarono come da copione?

Purtroppo no, ci fu un intoppo sin dall'inizio. Quando Ognibene cercò di acchiappare una guardia all'ingresso del corridoio si scatenò una violenta colluttazione. Il drappello era più numeroso del previsto. Ognibene venne sopraffatto. Le guardie cominciarono a gridare dando l'allarme e si ritirarono fuori dal braccio, chiudendo tutti i cancelli.

Noi ci rendemmo conto che a quel punto, anche senza ostaggi, non avevamo più scelta, dovevamo andare avanti. Passammo la voce attraverso le finestre. «Via, via, sfasciamo tutto», urlai. E pensai: o la va, o la spacca; da perdere ci resta poco...

Così cominciò la battaglia di Fornelli.

All'inizio fu una furibonda carica contro i muri e i soffitti. Non usammo subito l'esplosivo, ma lavorammo con i ferri delle brande e delle specie di martelli che ci eravamo fabbricati.

Tra il soffitto e il tetto c'era un'intercapedine di circa mezzo metro di altezza da cui si poteva controllare tutto il corridoio del braccio. Decidemmo di attestarci lì per resistere il più a lungo possibile. La cosa veramente complicata fu tirare su i compagni meno agili. Un gruppo doveva presidiare dall'alto l'ingresso del corridoio, dove c'erano i cancelli. Le macchinette del caffè al plastico erano pronte. Al primo accenno di irruzione da parte delle guardie o dei carabinieri, gli ordigni dovevano essere lanciati dall'alto, a mo' di bombardamento. Nel frattempo altre squadre, composte dai guastatori più forzuti, continuavano a fracassare tutto: cessi, lavandini, tubature, tramezzi, infissi...

Presto arrivarono i primi drappelli di guardie. Aprivano i cancelli, tentavano di invadere il corridoio. E noi buttavamo giù le bombe Moka che esplodevano con grande frastuono respingendoli inesorabilmente. Allora cominciarono a sparare da fuori attraverso le finestre sfondate. Le pallottole rimbalzavano dappertutto. Noi disattivammo l'impianto di illuminazione, ma loro usavano dei potenti proiettori.

E siete andati avanti in mezzo a questo western a lungo?

Varie ore. Dopo mezzanotte, quando l'interno del braccio era ridotto praticamente in macerie, chiedemmo di parlamentare.

Giorgio Panizzari, detenuto storico dei Nuclei armati proletari, uscì per trattare con Cardullo. Doveva chiedere la restituzione di Ognibene e spiegare che, il nostro obiettivo di distruggere Fornelli essendo ormai raggiunto, non avevamo più intenzioni bellicose.

Cardullo cosa vi ha risposto?

Niente. Solo che, assieme a Ognibene, si tenne anche Panizzari, il nostro portavoce.

E l'attacco nemico si fece più micidiale: incominciarono a fioccare anche candelotti di gas urticante. Qualcosa di terribile, creava delle vere e proprie ustioni dolorosissime, faceva vomitare e svenire. Ci sarebbero volute le maschere antigas, ma quelle, purtroppo, non c'era venuto in mente di costruirle.

Capimmo che volevano schiacciarci sul piano militare. Urlammo dalle finestre: «Se volete la guerra, sarà guerra, abbiamo ancora chili di esplosivo». E a sostegno dell'affermazione gettammo fuori la nostra super-bomba, una macchinetta Moka di quelle da dodici. Fece un botto enorme, ma nessun danno. Loro naturalmente non si scomposero. Continuarono a sparare e a lanciare gas. Andò avanti così fino quasi all'alba quando sentimmo la voce baldanzosa di Cardullo nel megafono che ci comunicava l'arrivo del procuratore della Repubblica di Sassari il quale voleva parlarci

Si avviò una trattativa a distanza. Chiedevamo la garanzia di essere trasferiti dall'Asinara. Il giudice diceva: «Arrendetevi, non vi sarà torto un capello... Questo ve lo prometto».

Noi, che avevamo già messo in conto il fatto di prendere un sacco di legnate, rispondevamo che non ci bastava, che volevamo essere certi di andare via dall'isola.

«Questa è una decisione che non posso prendere io, dipende dal ministero», ribatteva lui.

Andò avanti per un bel pezzo. Poi, viste le condizioni disastrose dei compagni più colpiti dal gas, decidemmo un compromesso. «Allora noi sbaracchiamo», urlai io, «veniamo fuori uno per volta, ma se vediamo che ai primi che escono viene fatta una qualsiasi violenza, vi buttiamo addosso tutto l'esplosivo di cui disponiamo».

«Va bene, mi faccio garante di persona», assicurò Cardullo: «Curcio, tu sai che sono uomo di parola; non siete riusciti a evadere e non voglio infierire sui vinti...».

E io di rimando: «No, guarda, non siamo vinti perché il tuo carcere lo abbiamo fatto a pezzettini». Anche in quell'occasione fu inevitabile l'esibizione del solito duello verbale con quello strampalato personaggio.

Chi uscì per primo?

Ci guardammo in faccia e capii che dovevo essere io. Tutti mi squadravano con un'aria di commiserazione estrema. Al di là del cancello del corridoio c'era un comitato di accoglienza piuttosto nutrito di agenti con in mano dei manici di piccone. Solo i manici, ma di quelli belli grossi che non lasciavano presagire niente di buono.

A dire la verità, una certa paura questa volta ce l'avevo. Ma ero anche esaltato dalla carica nervosa accumulata in una notte di guerra. «Allora vado», annunciai un po' drammaticamente ai compagni, «se mi toccano, mantenete la promessa».

Fuori dalla porta della cella mi aspettavano Cardullo e il procuratore della Repubblica. Mi presero sottobraccio, uno da una parte e uno dall'altra, e ci avviammo al centro del corridoio, tra due ali di agenti. Dai finestroni i carabinieri urlavano:«Da qui non uscirai vivo», «l'Asinara sarà la vostra tomba». Io sfilai a testa alta, cercando di guardare un punto infinito nel vuoto e di dimostrare a tutti i costi un po' di dignità.

Arrivati alla fine del corridoio, nell'atrio, ci trovammo davanti a un terribile pattuglione di agenti. Almeno un centinaio, tutti zitti, tutti enormi e minacciosi, nel buio assoluto. Pensai: qui è la fine.

Cardullo e il giudice mi si strinsero addosso. Le guardie ci lasciarono avanzare per qualche metro e poi, come un sol uomo, piombarono su di noi urlando e menando randellate a più non posso...

Anche addosso a Cardullo e al magistrato?

Sì, con generosa assenza di discriminazione. Ognuno si proteggeva come poteva. Si creò un marasma tale che gatton-gattoni riuscii a sgattaiolare dalla calca raggiungendo il cancello di un'altra sezione.

Tutto sommato, me la cavai con poco. Cardullo invece le prese di santa ragione. E il giorno dopo venne a mostrarci i suoi lividi e i suoi bernoccoli come delle medaglie al valore. «Guarda Curcio», mi disse, «questi colpi li ho presi per mantenere la parola che ti avevo dato; voi avete perso e io vi ho dimostrato di essere uomo d'onore». Insomma, il solito Cardullo.

E gli altri detenuti presero legnate anche loro?

I compagni non avevano potuto vedere il pestaggio avvenuto fuori dal corridoio, ma avevano sentito il tumulto. Pretesero che Cardullo tornasse davanti alla porta delle celle. E lui andò, pesto e sanguinante, dicendo: «Vedete non è successo niente, potete uscire tranquilli». Tutti capirono che un po' di botte non potevano essere evitate, ma che non c'erano pericoli molto gravi. I primi a venir fuori furono malmenati come me, ma poi le guardie si stancarono e la tensione cadde.

Come finì?

Ci divisero in gruppetti, ci sparsero in celle di punizione e in bunker secondari dell'isola. Io rimasi all'Asinara una settimana. Poi, assieme a una quindicina di altri brigatisti, venni trasferito a Firenze dove dovevamo affrontare un nuovo processo.

Fornelli era distrutto, ma lo Stato per dimostrare che non avevamo vinto continuò a tenere aperta una piccola sezione di massima sicurezza in altri edifici. Fino al sequestro del giudice Giovanni D'Urso, nel 1980-'81, quando la vicenda dell'Asinara si concluderà definitivamente con la chiusura del carcere speciale.

XXI

La rottura

Nel processo di Firenze sei stato condannato a dieci anni per «vilipendio» e «incitazione alla guerra civile». Dopo un breve soggiorno nel carcere di Pianosa vieni riportato a Torino, assieme ai brigatisti del gruppo storico, per l'Appello del «Processone». Mentre andava avanti la vicenda giudiziaria, come si svilupparono la disgregazione delle Br e i tuoi scontri con la direzione esterna?

Le divergenze si fecero sempre più aspre fino ad arrivare a una rottura radicale.

Come ho già ricordato, a Firenze ricevemmo la deludente risposta al nostro «Documentone» e chiedemmo le dimissioni dell'esecutivo. Una volta riuniti nuovamente a Torino, la discussione interna riprese fitta. A quel punto, noi detenuti ci sentivamo più fuori che dentro l'organizzazione: umiliati e maltrattati dall'esecutivo che non prendeva neanche in considerazione le nostre valutazioni e le nostre richieste.

Decidemmo allora di rendere pubblica questa crisi, anche se con un linguaggio piuttosto indiretto, attraverso gli ultimi comunicati letti nell'aula del processo di appello torinese.

Quale era il senso di questa uscita?

Gli esterni in quel momento ritenevano che noi brigatisti del gruppo storico in carcere non fossimo più in grado di entrare nel merito della discussione politica dell'organizzazione. Secondo loro, le scelte strategiche concrete da compiere e l'impostazione delle campagne militari da condurre, a cui attribuivano un'importanza di gran lunga prevalente su tutto il resto, non potevano più riguardarci. Avrebbero voluto in sostanza relegarci a un compito di elaborazione teorica generica e di supporto puramente culturale. Un ruolo che noi rifiutavamo decisamente: non solo perché non volevamo farci congelare, ma anche perché, almeno per quanto mi riguardava, ritenevo che la strada imboccata dall'esecutivo non poteva che portare alla disgregazione e al disastro.

E nell'aula del processo di Torino cosa è successo?

Quanto ai nostri comunicati non successe niente. Il presidente ce li lasciò leggere tranquillo, probabilmente non dispiaciuto che le nostre discordie interne cominciassero a venire alla luce.

Sul piano giudiziario, invece, c'è stata una sentenza che mi ha condannato a quindici anni: dieci per aver costituito una banda armata e cinque per tutto ciò che avevo fatto come brigatista. Inoltre mi presi un'altra condanna a sedici anni per oltraggi vari nelle dichiarazioni pronunciate durante il processo.

Capii così definitivamente che al potere davano molto più fastidio le parole che non le rapine e gli attentati.

Dopo Torino in che carcere sei andato a finire?

Quello del carcere era il nostro grande problema in quel momento. Finito il processo, vissi giorni di grande incertezza: il timore era che mi risbattessero all'Asinara da dove avevo ricevuto varie lettere minatorie da parte di agenti di custodia i quali, con tanto di nome e cognome, mi scrivevano: «Ti aspettiamo», «appena torni ti facciamo la festa», e altre amenità.

Quando arrivarono i carabinieri della scorta per la traduzione, nessuno ci disse niente. Tutto sembrava avviluppato nel più grande mistero. Da Torino ci portarono in furgone fino a Genova. Lì, nel piazzale del porto, ci imbarcarono su degli elicotteri militari e cominciò una lunga trasvolata dell'Italia che, nel mio caso, fu anche rocambolesca. Perché l'elicottero su cui mi trovavo prese fuoco e dovette atterrare sul campo di uno spaventatissimo contadino che non capiva proprio che cosa stava succedendo.

Fatto sta che riuscimmo ad arrivare a destinazione e scoprii, grazie al cielo, che non ero all'Asinara, ma nel nuovo supercarcere di Palmi.

Dove erano stati radunati anche gli autonomi arrestati in tutta Italia nella retata del 7 aprile 1979.

Infatti, trovai Toni Negri, Emilio Vesce, Oreste Scalzone, Libero Maesano e vari altri.

L'incontro che mi fece più piacere è stato quello con Scalzone al quale ero legato da un'amicizia affettuosa, anche se non assiduamente coltivata. La prima impressione che ebbi rivedendolo fu quella di una persona che stava molto male: era enormemente dimagrito e, nonostante si infilasse uno sull'altro tre, quattro, anche cinque maglioni, appariva sempre esangue e filiforme.

Scalzone negli anni '70 era stato un leader di Potere operaio: avevate mai condotto delle azioni comuni?

Nella stessa organizzazione no. Ma nel '69-'70 ci eravamo trovati fianco a fianco a Milano in tutte le manifestazioni e in decine di assemblee.

Io avevo – ed ho – una grande stima di Oreste perché era generosissimo e sempre disponibile a prendere la parola anche nelle situazioni più difficili. Mi ricordo di un'assemblea durissima alla Statale, quando noi di Sinistra proletaria ci alleammo con i compagni di Potere operaio per contrastare il controllo totale di Capanna e dei «Katanga»[1] sull'università. All'unanimità designammo Scalzone come quello che doveva parlare per tutti noi. E

[1] Servizio d'ordine del movimento studentesco dell'università statale di Milano, composto da militanti molto aggressivi, armati di bastoni e chiavi inglesi.

lui fu eroico, riuscendo a reggere l'intervento-scontro per un sacco di tempo: perché non si trattava solo di parlare tra i boati, ma di resistere ai calci e ai pugni che i ferocissimi «Katanga» assestavano, da dietro, all'oratore per fargli perdere il filo del discorso.

L'ultima volta che lo avevo visto doveva essere nel '72. Un incontro casuale in cui mi rimproverò, con quell'aria dolce e un po' trasognata di cui era capace nell'esporre anche le critiche più serie, di aver sciolto prematuramente il gruppo Sinistra proletaria. Io gli risposi che non esistevano più le condizioni per andare avanti con un'organizzazione indefinita e aperta a tutti i venti in una situazione sociale profondamente modificata. Lui mi ascoltò senza apparire convinto, ma qualche tempo dopo anche Potere operaio si trovò ad affrontare le stesse difficoltà.

A Palmi che tipo di rapporti ci furono tra voi brigatisti e gli autonomi del 7 aprile?

Rapporti di diffidenza e in alcuni casi, per esempio tra Franceschini e Negri, addirittura di scontro. Come ho già ricordato, le tensioni derivavano soprattutto dal fatto che i brigatisti sospettavano alcuni leader dell'Autonomia di aver subdolamente tentato di assumere il controllo politico delle Br al momento dell'*affaire* Moro. A questo si aggiungevano piccole e grandi rivalità oltre alla contrapposizione di fondo tra una presunta lucidità politica degli autonomi e un'ostentata capacità operativa e militare dei brigatisti.

Comunque, per evitare che la situazione all'interno del carcere di Palmi degenerasse in un clima di tensione eccessivo, ci riunimmo e decidemmo di creare un Comitato unitario di campo: formato da rappresentanti dei vari gruppi politici di detenuti, aveva il compito di tutelare il buon andamento della vita comune. Il Comitato venne accettato da tutti e funzionò quasi sempre a dovere: delegato delle Br ero io e quello degli autonomi del 7 aprile, mi sembra, Vesce.

Nel dicembre '80 le Br sequestrarono il giudice Giovanni D'Ur-

so. Voi sapevate che la direzione stava preparando un'azione di quel tipo?

Non sapevamo niente. Ricordo che stavo già a letto e appresi la notizia dal telegiornale della notte.

Era evidente che quell'azione era stata compiuta per riproporre il problema Asinara.

Quando arrivò il volantino in cui si comunicava che D'Urso sarebbe stato restituito vivo se fosse stato chiuso il carcere dell'Asinara, immagino che tra voi fu festa.

Festa no, ma fummo veramente felici. Non solo per la rivincita che potevamo prenderci dopo il fallimento dell'evasione e le legnate della rivolta, ma anche perché all'Asinara erano rimasti in ostaggio dello Stato una decina di compagni che, secondo quanto ci risultava, subivano ogni sorta di angherie.

Dopo qualche giorno la direzione strategica, forse con un po' di senso di colpa per come ci aveva tagliato fuori dall'organizzazione, diffuse un volantino in cui chiedeva a noi «prigionieri politici» di esprimere un parere sul destino di D'Urso.

Vi chiedeva se doveva essere ucciso oppure no?

Diceva: nel caso in cui venisse realizzato l'obiettivo politico al quale mira questa azione, cioè la chiusura dell'Asinara, che ne facciamo di D'Urso?

Una domanda un po' retorica rivolta a chi sta in carcere: se optavate per l'uccisione del magistrato vi sareste presi automaticamente un ergastolo.

E infatti la richiesta ci mise in grande imbarazzo. Anche perché segnava una discontinuità profonda nel modo di intendere i rapporti tra interno e esterno. Noi avevamo sempre insistito sulla necessità di tenere separate le responsabilità tra chi agisce fuori e chi è prigioniero. Cercammo di prendere tempo. Ci consultammo. Ricevetti anche delle visite del mio avvocato Edoardo di Giovanni e di Marco Pannella che insistettero sul peso che poteva avere una nostra presa di posizione per la vita di D'Urso.

Capii che quella volta una dichiarazione era inevitabile. Proposi però di parlare non come brigatisti, ma come «gruppo di detenuti del carcere di Palmi». Scrivemmo un documento, firmato da tutti i compagni, che venne consegnato a Pannella. Dicendo l'unica cosa che potevamo dire: che l'obiettivo della chiusura dell'Asinara era un obiettivo fondamentale al quale tenevamo molto, ma che, comunque, proponevamo la liberazione del magistrato vivo.

D'Urso venne liberato a metà gennaio '81 e poco dopo la sezione speciale del carcere dell'Asinara fu chiusa. La vicenda può così dirsi conclusa?

Non del tutto. Per me ci fu un epilogo poco piacevole. Molti anni dopo, venni infilato nel processo detto «Moro-ter» quale responsabile della compilazione di quel documento. E i giudici, dal fatto di aver scritto che la chiusura dell'Asinara era sacrosanta, pensarono bene di dedurre che ero stato io l'ispiratore del sequestro D'Urso. Risultato: una condanna a sedici anni. Un'altra mazzata, ma a quel punto ero ormai abituato a non stupirmi più delle funamboliche capriole di questa Giustizia.

Mi hai detto che c'è stato un momento di rottura definitiva con le Br. Quando è successo e perché?

L'episodio finale che scatenò la mia crisi di rigetto fu la vicenda di Natalia Ligas. Ma le divergenze erano cominciate da tempo e la disgregazione dell'organizzazione Br appariva inarrestabile. Si può dire che l'ultima botta all'unità delle Brigate rosse venne con la scissione dalla Colonna Walter Alasia...

Cosa era la Walter Alasia?

La prima colonna storica delle Br a Milano. Era collegata all'ambiente delle fabbriche e radicata essenzialmente nelle lotte operaie.

Quelli dell'Alasia, nell'estate '80, criticarono duramente la politica e la strategia della direzione accusandola di aver abbandonato le fabbriche per privilegiare «lo scontro diretto col cuore dello Stato»: cioè le azioni militari che colpivano uomini politici e magistrati. Poi, in autunno, si rifiutarono di diffondere a Milano un opuscolo della direzione sulla questione operaia che giudicavano sbagliato. Fu un atto di vera e propria ribellione. Non solo, ma invece diffusero un loro documento, che mandarono anche a noi detenuti chiedendoci di prendere posizione. Io, in linea di massima, ero d'accordo con la loro impostazione.

E lo hai detto?

Sì. Ho scritto una lettera aperta, firmata anche da altri compagni prigionieri, in cui affermavo che la tradizione delle Brigate rosse era centrata sulle lotte operaie e che l'iniziativa della colonna Alasia di riproporre con forza una discussione su questi argomenti era assolutamente legittima e benvenuta.

La cosa ovviamente non piacque alla direzione che, nel dicembre '81, lanciò una specie di ultimatum ai militanti dell'Alasia chiedendogli di rimanere fermi, senza condurre nessun tipo di azione, finché la discussione non si concludeva.

Loro, invece, decisero di non riconoscere nessuna autorità a quella direttiva e compirono due gravi attentati: uccidendo il dirigente dell'Alfa Romeo, Manfredo Mazzanti, e il dirigente della Marelli, Renato Briano.

A quel punto la spaccatura era definitiva. L'esecutivo, per la prima volta nella storia delle Brigate rosse, diffuse un comunicato ufficiale di espulsione: «I compagni che hanno condotto queste azioni si sono messi fuori dalla nostra organizzazione...».

Così la Walter Alasia andò per la sua strada facendo storia a sé?

Sì, ma la sua storia non durò molto. Perché dopo vari

arresti e la morte in una sparatoria di due suoi militanti – Roberto Serafini e Walter Pezzoli, sorpresi in un bar da un nucleo di carabinieri – si sciolse per esaurimento.

La cosa più importante fu però che questa scissione ne innescò delle altre. La colonna napoletana e il Fronte carceri, che facevano capo a Giovanni Senzani, gradualmente si staccarono anche loro dall'esecutivo gestito da Moretti. Condussero autonomamente il sequestro del democristiano Ciro Cirillo e l'uccisione di Roberto Peci, accusato di aver collaborato con le forze dell'ordine contribuendo alla cattura di alcuni compagni marchigiani e del suo stesso fratello, Patrizio. Poi diedero vita a un nuovo gruppo che si chiamò Partito della guerriglia.

Quindi le Brigate rosse si smembrarono in tre raggruppamenti: la Walter Alasia, il Partito della guerriglia di Senzani e il vecchio filone che faceva capo all'esecutivo di Moretti.

È esatto. Ma il vecchio filone – che in quel periodo eseguì in Veneto il sequestro dell'ingegnere Giuseppe Taliercio – per rendere chiara a tutti la nuova situazione decise di qualificarsi come Brigate rosse-Partito comunista combattente, assumendo nella sigla quello che era un vecchio slogan usato in calce a molti volantini: «Per la costruzione del Partito combattente».

Furono mesi di dibattiti tesissimi in cui la crisi politica ormai irrisolvibile cominciò a sfociare anche in una crisi militare. Gli arresti e le defezioni si moltiplicarono. In quel clima di confusione si perse anche molta lucidità e le azioni armate si accavallarono senza un preciso disegno. Spesso con l'unico scopo di dimostrare l'esistenza di chi le compiva.

In quel caos avvenne un fatto gravissimo: la classica goccia che fa traboccare il vaso. Almeno per me.

La vicenda di Natalia Ligas: di cosa si è trattato?

La Ligas era una militante Br che faceva parte del Fronte carceri e che, come tale, aveva avuto dei contatti con noi di Palmi e con altri compagni detenuti. Al momento delle scissioni si ritrovò coinvolta nel gruppo di Senzani. A Torino i dirigenti del Partito della guerriglia, sulla base di indizi incontrollati, la sospettarono di essere un'infiltrata che poteva rivelarsi pericolosa da un momento all'altro. E, non sapendo come trasmettere l'allarme ai loro vari militanti sparsi per l'Italia, non trovarono niente di meglio che compiere una rapina in banca e uccidere una guardia giurata: col solo fine di lasciare sul posto un volantino – che sarebbe stato riportato dai giornali – in cui si diceva che «la belva Natalia Ligas» era persona di cui non fidarsi.

Ma era vero o no che la Ligas era un'infiltrata?

Era una balla, effetto della paranoia di quel periodo e di analisi sbagliate fatte attorno a certi arresti. Tant'è vero che poi lei continuò a militare nel gruppo di Senzani.

Quando nel carcere di Palmi mi arrivarono gli echi di questa storia fui colto da un vero brivido. Capii che era venuto il momento di dire basta. Riunii i compagni e chiesi di riflettere. Non era possibile accettare ancora una prassi che non aveva più nulla a che fare con un discorso politico e guerrigliero. Per quanto i tempi si fossero imbarbariti e per quanto in quegli anni il problema della morte non venisse più valutato con attenzione nel momento in cui si progettavano le azioni, non era ammissibile uccidere un uomo solo per diffondere un volantino con cui lanciare sospetti su una compagna.

I limiti dell'aberrazione erano raggiunti. Si era perso ogni senso della misura tra il risultato da ottenere e il valore della vita umana. Dissi a tutti che per me quello era un prezzo inaccettabile e non ero più disponibile ad avallare azioni di quel genere.

Da quel momento ti consideri fuori dalle Brigate rosse?

Non mi considero fuori dalla storia delle Brigate rosse.

Mi considero uscito da quei raggruppamenti in cui l'organizzazione si era frantumata.

Ma oltre a quegli spezzoni non c'era altro.

È vero. Non c'era altro. Salvo la possibilità di mantenersi vicino a se stessi, a un'idea di militanza che non si appiattisse sulle forme di organizzazione militare. Personalmente sentivo il bisogno di avere un confronto autentico con i vecchi compagni con i quali avevo dato inizio alle Brigate rosse: Moretti, in primo luogo, e tutti gli altri che non erano a Palmi.

A quel punto scrissi un documento intitolato «Non è che l'inizio»: annunciavo la chiusura di un'esperienza, rilanciavo la richiesta di una discussione globale per decidere quali profondi mutamenti compiere, capire se era ancora possibile farlo.

Il mio convincimento maturato in quei giorni era questo: ho una responsabilità diretta nell'aver promosso e messo in piedi l'organizzazione delle Brigate rosse; non me ne posso allontanare senza avere prima ben chiarito il mio punto di vista e senza aver fatto tutto il possibile perché questa organizzazione, che non ha più nessuna ragione valida per continuare ad esistere, si chiuda ordinatamente.

Venne una risposta al tuo «Non è che l'inizio»?

Nessuna risposta. La mia voce, e quella dei venti compagni detenuti che avevano firmato il documento con me, cadde nel vuoto. Ormai i tre spezzoni usciti dalle Br erano del tutto chiusi su se stessi e agivano militarmente senza ascoltare nessuno. Non c'era più niente da fare.

Io a quel punto ero solo un prigioniero, militante delle ex Brigate rosse, che non apparteneva più a nessun raggruppamento esistente. Avevo chiuso con ogni militanza organizzata e mi trovavo del tutto isolato.

Era la fine del 1982. Da quel momento cominciò per me un periodo carcerario completamente diverso: un nuovo tipo di lavoro, nuovi impegni e interessi.

XXII

Il nuovo corso

Nel carcere di Palmi getti definitivamente dietro alle spalle la stella a cinque punte e affronti una tua «nuova» esistenza. Quali sono state le principali tappe di questo percorso che ti ha condotto fino ad oggi?

Una notte feci un sogno...

Come Martin Luther King?

Ma no, che c'entra! Non sto parlando di un sogno metaforico, ma di un sogno vero, di quelli che si fanno a letto quando si dorme.

C'era una montagna innevata da scalare. Dalla cima pendeva una corda rossa. Decido di salire e, servendomi della corda, mi arrampico lungo le pareti scoscese. Nonostante le difficoltà, arrivo alla vetta e da lì manifesto la mia euforia con gesti di vittoria rivolti a tutti coloro che dalla base di partenza sono rimasti a guardare. Sempre aggrappato a quella corda, non ritengo però opportuno ridiscendere dallo stesso versante. Osservo l'altro lato della montagna e vedo molta gente ansiosa ed interessata a conoscere i particolari dell'impresa.

Al mattino parlai di questa storia affiorata dal mio inconscio con Nicola Valentino, un compagno delle Formazioni comuniste combattenti del quale ero diventato amico in carcere. Sapevo che mi avrebbe ascoltato, ma le sue parole mi stupirono: «Quel sogno ho l'impressione di averlo già fatto anch'io», mi disse. Non era affatto sorpreso. Anzi, ebbi la sensazione che la mia confidenza avesse confortato alcune intuizioni che coltivava da tempo nel suo giardino interiore.

«Ero in macchina», mi raccontò a sua volta, «e costeggiavo una grande montagna. Man mano che avanzavo i viottoli si facevano più stretti, con frane di pietre che ostruivano il passaggio. A fatica mi aprivo dei varchi con le mani. Improvvisamente, però, dietro una curva, ecco una sensazione di fresco: al centro di un tempio una grande fontana... E poi il tempio si trasformò in bosco». Fece una pausa e mi disse ancora: «Sai Renato, abbiamo abituato i nostri occhi a non vedere troppe cose. Questi sogni ci vengono a dire che è tempo di guardare altrove, c'invitano a nuove esplorazioni».

Lì per lì non mi fu chiaro cosa volesse intendere esattamente, ma la sua interpretazione cominciò a lavorare dentro di me. Al mattino, prima della distribuzione del latte, mi scoprii ad annotare su un quaderno i sogni della notte. Li scrivevo e basta, senza pensarci troppo. E più sogni scrivevo più mi sembrava di sognare. Possibile che negli anni precedenti non avessi mai sognato?

Negli anni precedenti avevi vissuto il sogno arrabbiato della «rivoluzione» che adesso abbandonavi per dedicarti ai tuoi privati sogni notturni: un discreto trapasso!
Ti era già capitato di interessarti a studi psicoanalitici o ad altre cose del genere?

Per un certo periodo, all'università di Trento, mi ero appassionato alle lezioni di psichiatria sociale di Beppino Disertori ed avevo anche seguito con attenzione un corso di psicoanalisi del professor Franco Fornari. Entrambi, in colloqui privati che ricordo ancora con emozione, mi avevano iniziato a letture che mi affascinarono. Eppure, in qualche oscuro modo, capivo nella mia cella di Palmi che Freud, Jung e Adler restavano un po' ai margini dell'esperienza che andavo facendo.

Quando in un bel libro di Morton Schatzman incontrai i Senoi, leggendo del modo in cui quel popolo melanesiano entrava in relazione con i sogni, mi balenò un'idea: se anche nel carcere speciale di Palmi, al risveglio, ci fossimo comunicati i sogni fatti durante la notte e ne avessimo discusso tra noi, a quali benefici saremmo potuti andare incontro?

Ne parlai con Nicola Valentino e Stefano Petrelli ed insieme decidemmo di tentare l'avventura: avremmo chiesto in giro, naturalmente con una certa discrezione, se altri prigionieri fossero interessati a far parte del circolo dei sogni...

Avete raccolto adesioni?

In un primo momento solo pochi, tiepidi consensi ed anche qualche preoccupato o ironico commento. Molti cominciarono a pensare che ci fosse partita la brocca. In un certo senso, proprio il grande sogno dell'ideologia impediva alla maggioranza dei compagni di prestare attenzione a sogni, almeno in apparenza, più modesti e frivoli. Non riuscivano ad operare il «trapasso», come dici tu.

Ma non incontrammo un'aperta opposizione: così, in sei o sette, cominciammo a raccogliere i nostri sogni notturni e a raccontarceli durante le socialità del mattino. Ne venne fuori una lava inquietante e, giorno dopo giorno, il piccolo circolo fece nuovi proseliti. La nostra miseria sessuale, la gamma impressionante delle deprivazioni sensoriali, le mille solitudini esistenziali, lo smarrimento dei corpi reclusi, proruppero come eruzioni impietose. I sogni ci raccontavano una storia che fino a quel momento non avevamo ascoltato, ci mostravano una scena guardata molte volte eppure mai vista, rilanciavano immagini di corpi mutilati, feriti in mille punti, orrendamente coperti di cicatrici.

Davvero un'esperienza straordinaria che senz'altro ha cambiato il mio sguardo.

Le tue sedute di auto-analisi carceraria hanno avuto un seguito?

Pietro Fumarola, sociologo ricercatore dell'università di Lecce, venne a sapere quello che andavamo facendo e un giorno del 1985 mi scrisse offrendomi la possibilità di raccontare la nostra esperienza ai suoi studenti, in un seminario. Fu lui che mi aprì nuove prospettive facendomi conoscere le ricerche di Georges Lapassade sugli stati modificati di coscienza e sulle transe. Nel corso di queste letture mi accorsi che le condizioni della reclusione erano oggetto di grande attenzione e interesse da parte dei ricercatori, mentre invece esistevano pochissimi studi sugli stati modificati di coscienza, sulle transe, a cui i carcerati ricorrono per sopravvivere nell'astinenza e nella privazione. E ancora una volta, parlandone con Petrelli e Valentino, nacque la decisione di lanciarci su nuovi itinerari che ci portarono a raccogliere il materiale poi pubblicato nel nostro libro.

Un ponderoso volume in cui avete messo insieme centinaia di testimonianze sugli aspetti più oscuri e privati della vita dei reclusi: «Nel bosco di Bistorco». Che significa questo titolo?

Il bosco è una metafora per raccontare gli stati senza forma, le mescolanze e le metamorfosi che il carcere scatena. Bistorco, con le suggestioni che contiene – l'orco, la torchiatura, la bistorsione – mi sembrava una parola rappresentatutto molto adatta.

Il libro comunque venne dopo. Prima ci furono vari anni di ricerca su noi stessi e su una sterminata letteratura carceraria e manicomiale prodotta dalle solitudini più disperate. Seguirono incontri con persone dimenticate nel fondo delle prigioni o sepolte da decenni nei cameroni e nelle celle di contenzione dei manicomi. E anche colloqui con specialisti, come il neurologo Giorgio Antonucci che si è battuto con grande intelligenza e pietas contro il pregiudizio psichiatrico e per lo «slegamento» di questi infelici reietti.

In questa traversata non conclusa ha preso forma, giorno dopo giorno, una terribile mole di documenti, scritture, lettere, poesie, disegni, scarabocchi, che continua a crescere e che attualmente stiamo cercando di organizzare come un vero e proprio «archivio in divenire»: un archivio di quelle che abbiamo chiamato «scritture ir-ritate», per rendere evidente nel gioco della parola spezzata l'urto dirompente contro i riti omologati che questi testi contengono.

Ma prima avevi pubblicato anche libri di altro tipo.

Quando mi trovavo ancora nel carcere di Palmi ho scritto *Wkhy*, un libro dal titolo impronunciabile come era il nome di Dio nella religione ebraica. Si tratta di una parodia e di una provocazione. Parodia di quel gergo disumano della politica e dell'ideologia di tutta l'area dell'estrema sinistra che alcuni miei compagni si attardavano ancora a parlare quando non c'era più nulla di reale: volevo rappresentare la rottura e l'esplosione semantica per far capire che si trattava di un linguaggio che aveva perduto la sua grammatica e la sua sintassi. Provocazione nei confronti delle chiavi di lettura, sempre esclusivamente ideologiche e astratte, che venivano usate per guardare alla mia vicenda e a quella delle Brigate rosse: senza tenere in nessun conto il lato umano e reale di vite che sono state cariche di passioni, di contraddizioni, di sofferenze, di gioie.

«Wkhy» è anche un'autocritica di quel linguaggio dei volantini Br che per anni avevi usato?

In un certo senso sì. Durante la mia militanza brigatista ho però usato tanti tipi di linguaggio, non solo quello dei documenti di cui, purtroppo, si mantiene più d'ogni altro il ricordo. D'altra parte in quegli anni vi era una richiesta specifica di quel modo di esprimersi che, per quanto vituperato, non era certo più brutto e criptico di quello usato da giornali di partito come l'ex «Unità» e «il Popolo».

Un altro mio libro che ho piacere di ricordare è *L'alfabeto di Estè*, scritto nell'87: la storia di un uomo, Sebastiano Tafuri, che ha passato tutta la sua vita in un manicomio di Napoli inventando infine, per «uscirne», i racconti stupefacenti del «Volatile pennuto» corredati da bellissimi disegni.

Ma negli ultimi anni ho dedicato molte energie anche alle ricerche necessarie per condurre a termine il «Progetto Memoria»

Cos'è il «Progetto Memoria»?

Il primo tentativo di affrontare con un certo rigore lo studio di quel fenomeno sociale che è stato la lotta armata. Siamo partiti dalla constatazione che quasi tutti disquisiscono delle lotte degli anni '70 senza sapere bene di che cosa stanno parlando, perché manca una seria informazione di base. In pratica, abbiamo voluto allestire una banca dati computerizzata in grado di offrire notizie precise e controllate su tutte le organizzazioni, i documenti e gli individui che hanno fatto capo al movimento armato. Lo studio è completo e fedele perché si fonda sulla totalità dell'universo indagato, ossia le circa 7000 persone che dall'inizio degli anni '70 alla fine degli anni '80 sono state imputate in processi per «associazione sovversiva», «banda armata» e «insurrezione». Su ognuno abbiamo raccolto delle informazioni fondamentali come il luogo di nascita, l'età al momento dell'imputazione, il titolo di studio, l'attività lavorativa prima dell'arresto, il gruppo di militanza, ecc... Il risultato di tale lavoro è una radiografia completa della consistenza socio-politico-culturale dei movimenti eversivi di sinistra in Italia.

Con l'analisi incrociata al computer è possibile, per esempio, sapere quale era il gruppo con la maggior componente operaia, quello con il più alto livello medio di scolarità, oppure qual è la città d'Italia che ha dato i natali al maggior numero di eversivi...

La vostra cooperativa editoriale si chiama «Sensibili alle foglie», un nome che è già un programma: chi ci lavora e cosa ha prodotto sinora?

La cooperativa è stata creata da me, Petrelli e Valentino,

assieme ad alcuni professionisti e ricercatori universitari esterni al carcere. L'idea che ci ha mosso è stata quella di inventare uno spazio reale di lavoro che ci permettesse anche di vivere come noi vogliamo; il tema di questo lavoro è rappresentato dalle cronache e dalle analisi delle difficoltà a vivere e dei modi di affrontarle.

Negli ultimi venti anni abbiamo attraversato strani mondi in ciascuno dei quali abbiamo sempre incontrato il tragico della vicenda umana: quel muro che imprigiona e toglie ogni sorriso all'esistenza. Ebbene, ci siamo detti, proviamo a costruire un buco in questo muro da cui far defluire quelle voci che testimoniano l'orrore della reclusione in qualunque forma essa si manifesti: istituzioni totali, solitudine, pregiudizio...

Il nome lo abbiamo preso dalle parole di una donna che da anni vive sui marciapiedi o nei manicomi e che un giorno mi ha scritto: «Chi è sensibile si può rovinare, può morire. Io sono sensibile alle foglie, al povero, al patire». Così i nostri libri raccontano dall'interno il mondo dei reclusi, degli entronauti, dell'handicap, della transessualità, dei Rom, dei consumatori di droga...

In genere ami sottolineare le «discontinuità» della tua vita: non trovi però che c'è un filo conduttore tra la tua passata ribellione armata contro una società che ti appariva «inaccettabile» e l'attuale attenzione alle testimonianze estreme della «difficoltà a vivere»?

In un certo senso hai ragione, ma ci sono anche delle profonde diversità rispetto al passato. I problemi sono sempre quelli che nascono dai fallimenti della convivenza sociale, dal naufragio delle persone reali nei conflitti di potere. Se però anni fa ero convinto che la reclusione fondamentale fosse quella economico-politica e che quindi fosse necessario, in una visione marxista, puntare alla modifica radicale dei rapporti di produzione, adesso invece sono più sensibile alle reclusioni personali e drammatiche che tutti, in qualche modo, viviamo. Oggi il mio problema è quello di «ascoltare» gli individui che compongono questa società: solo ascoltare perché, sinceramente, di soluzioni da proporre non ne ho più.

Ascolto le voci estreme perché sono quelle che con maggiore chiarezza mi fanno arrivare il rumore della confusione dei tempi e delle idee. Sono le voci che materialmente mi risuonano più vicine, che quotidianamente mi chiedono se conosco una qualche buona ragione per continuare a vivere. Anche se non so rispondergli, sento che è mio compito ascoltarle attentamente, registrarle e riferirle.

La verità è che diciotto anni di carcere non sono un'astrazione, ma uno stato reale di lontananza. Sento lontanissime da me, ad esempio, tutte le persone che in questi anni hanno analizzato e scrutato la mia storia personale e politica. È lontano da me tutto quello che leggo sui giornali e vedo in televisione. Sono toccato invece da chi, vicino a me, soccombe nel silenzio della solitudine, soffre, urla, si automutila, si suicida. Le grida, le mille e una voce, della «difficoltà a vivere».

Nei primi anni di carcere ho capito che dovevo accettare delle modifiche profonde del mio modo di essere e compiere delle scelte radicali. Invece di interpretare un ruolo bloccato dal passato, ho deciso di riedificare la mia vita mantenendomi il più possibile aderente alle variazioni quotidiane dell'esperienza che andavo facendo. Piuttosto che farmi divorare dalla prigione ho preferito mangiarla boccone dopo boccone.

Ciò significa che, una volta appesa al chiodo la casacca brigatista, ho accettato la mia pelle come unico vestito.

XXIII

Senza abiura

Alla fine del 1986 il Parlamento ha approvato la legge che favoriva chi si «dissociava» dal terrorismo. Allora, rompendo un silenzio durato esattamente dodici anni, mi hai dato un'intervista per «l'Espresso» in cui definivi la tua posizione di «non pentito, non dissociato, non irriducibile» e lanciavi il tuo appello per la «campagna di libertà» in favore di una «soluzione politica globale» che permetta «l'oltrepassamento» degli anni di piombo. Perché hai maturato in quel momento la decisione di uscire dall'«area del silenzio» e rendere pubblica la tua nuova immagine?

Non esisteva un'«area del silenzio», come da alcune parti era stato scritto, ma esisteva – e esiste ancora – il tentativo di seppellire nel silenzio tutto ciò che non è dissociazione o pentimento. Se fino ad allora non avevo parlato era perché lo spazio di parola concesso a chi non faceva parte delle due categorie canoniche, quella dei pentiti e quella dei dissociati, era uno spazio solo apparente: prendere la parola sul nostro passato comportava l'automatico inserimento in una catalogazione in cui io non mi volevo riconoscere. Poi, una volta andata in porto la legge sulla dissociazione, si è aperto uno spazio nuovo e chiaro per coloro che, come me, non intendevano usufruirne.

Certo, in quel momento fui costretto, come tutti, ad interrogarmi. «Si tratta solo di prendere le distanze da un fenomeno che non c'è più», suggeriva qualcuno. Ma c'era quella richiesta di abiura del proprio passato che galleggiava nell'aria. Non era possibile far finta di non vedere che la legge voleva anche l'umiliazione di chi sottoscriveva la propria «dissociazione».

Molti compagni si adattarono all'idea che quell'umiliazione, in un mondo in cui lo sfascio dell'ideologia era ormai pressoché totale, non fosse un prezzo eccessivo. Dopo tutto qualche vantaggio ne sarebbe venuto, eccome! E presto un po' tutti avrebbero dimenticato ogni cosa. Valeva la pena insistere nell'intransigente coerenza?

Vari amici mi invitarono, discretamente, ad essere pragmatico. A «cogliere l'occasione». Ma in quei giorni stavo leggendo Roland Barthes. Una sua domanda amara mi colpì: in nome di quale presente abbiamo il diritto di giudicare il nostro passato?

Appunto, in nome di quale presente? Il mio non poteva certo fornirmi un supporto valido. Allora decisi di ascoltare esclusivamente la mia voce interiore. Perché mai avrei dovuto «dissociarmi» da quelli che erano stati giorni certamente tragici e spietati, ma anche autentici in ogni loro respiro? Perché avrei dovuto «abiurare» un passato che avevo vissuto con tutto me stesso? Il carcere era forse il luogo ideale per tentare anche un primo, provvisorio, bilancio?

Preferii affrontare, rimanendo integro, i tempi difficili che sarebbero seguiti. Difficili non tanto per la durezza del regime carcerario, ma perché, uno dopo l'altro, ho visto distaccarsi e dissociarsi molti di quei compagni con i quali avevo condiviso speranze di mutamento, dure esperienze, momenti di gioia e una grande sconfitta. Difficili perché la società che ha amministrato la vittoria non ha avuto la forza di essere generosa con i vinti più di quanto non è stata con se stessa.

Come giudichi i tuoi ex compagni che hanno pronunciato l'«abiura» della dissociazione?

Nei loro confronti non provo né invidia né rancori. Non detengo certezze morali così salde che mi consentano di esprimere condanne o giudizi universali. Sciolto il patto organizzativo che per un certo tempo mi ha legato a quei compagni, ciò che mi resta del comune passato è solo la gratitudine per la generosità con cui ognuno di loro, a suo tempo, non ebbe esitazioni a gettarsi nella lotta.

Detto questo, ho almeno due critiche teoriche da fare alla dissociazione. La prima è politica. Il dissociato rinnega l'esperienza compiuta senza saperla oltrepassare e riduce la complessità sociale dei moti sovversivi a un fatto giuridico di cui parlare con il linguaggio di un azzeccagarbugli. Il dissociato è in realtà un associato: nel senso che si associa a una precisa linea politica, quella dell'ex Pci, fondata sull'esorcizzazione della storia. Il Pci ha sempre negato l'esistenza di uno spazio politico alla sua sinistra criminalizzando ogni forma di lotta esso producesse. E, nel promuovere la dissociazione, ha continuato ad essere conseguente con tale posizione facendo di tutto per evitare che si potesse parlare in modo libero e approfondito della storia degli anni '70. Che è appunto una storia della sinistra di classe e degli spazi aperti alla sinistra del Partito comunista.

La seconda critica è più culturale. È sorprendente la facilità con cui, per varare il disegno di legge sulla dissociazione, si è buttata a mare la conquista borghese della libertà di pensiero. La legge infatti chiedeva che venissero «pronunciate» parole di abiura: là dove la cultura giuridica occidentale ha sempre riconosciuto all'imputato il diritto al silenzio. Un diritto che è un fatto di civiltà tanto quanto il diritto alla libera parola. E così, chi, come me, non ha voluto pronunciare l'abiura è stato pesantemente punito. Punito per il suo silenzio. È il ritorno ai processi alle streghe.

In effetti, le leggi a favore dei pentiti e dei dissociati hanno mandato in briciole ogni nesso tra reato e pena. Mentre chi ha scelto di non imboccare la strada dell'abiura ha visto la sua condanna lievitare come la panna montata, chi invece lo ha fatto è stato smisuratamente premiato: imputati rei confessi di numerosi reati di sangue sono stati rimessi in libertà dopo una manciata di anni. Non spetta a me il ruolo di paladino della legalità, ma i padri e i garanti di quello «Stato di diritto» che tutti sostengono di apprezzare e difendere dormono sonni tranquilli?

«Le responsabilità per i fatti di lotta armata avvenuti in Italia sono responsabilità politiche e collettive che vanno risolte sul terreno politico: voglio dire che la situazione di tutti i prigionieri per banda armata, degli esiliati, e in genere la storia di oltre ventimila casi giudiziari, deve trovare una soluzione politica generale». Con queste parole, nella tua intervista del dicembre '86, hai lanciato la «campagna di libertà» alla quale ti dedichi ancora.
Cosa ti ha spinto a questa impresa che non ha certo favorito una soluzione individuale del tuo caso?

Quando tutti gli imputati del processo Moro-ter sono stati radunati nel carcere di Rebibbia ho ritrovato Mario Moretti. Non ci vedevamo da dieci anni esatti, cioè dal momento del mio arresto a via Maderno. Nel frattempo erano cambiate molte cose. Né lui né io eravamo più quelli che si erano conosciuti, alla fine degli anni '60, nella Milano delle grandi lotte sociali, dei fermenti extraparlamentari, delle bombe di piazza Fontana. Nonostante le dure polemiche che c'erano state tra noi e le moltissime chiacchiere che le avevano condite, l'incontro fu affettuoso e molto intenso. Per capire le reciproche intenzioni bastarono uno sguardo, un abbraccio e poche parole.

«La storia delle Br è chiusa anche se non ancora conclusa. Tocca a noi mettere un punto definitivo. Vogliamo lavorarci insieme?». Questo ci dicemmo e subito concordammo che non restava altro da fare. Dello stesso avviso fu Piero Bertolazzi che, come noi, veniva dal primo nucleo milanese. E poi, via via, Maurizio Jannelli, Marcello Capuano, Barbara Balzarani, Anna Laura Braghetti, Prospero Gallinari e tanti altri.

Cosa vi fece ritenere che la storia delle Brigate rosse fosse davvero conclusa dal momento che fuori dal carcere qualcuno continuava a sparare e ad uccidere; e anche dentro al carcere i cosiddetti «irriducibili» non smettevano di inneggiare alla lotta armata ?

Il fatto che qualcuno fosse convinto del contrario non era una buona ragione per chiudere gli occhi sulla «fine del mondo» a cui stavamo partecipando. La smentita degli scenari in cui era maturata la decisione di lanciarci in un'esperienza armata assumeva, ad ogni nuovo risveglio, implacabili e più crudeli accenti. Il sistema politico dell'Est crollava miseramente per autodissoluzione. I partiti comunisti d'occidente facevano a gara per cambiare bandiera e nome. Negli ultimi dieci anni l'Italia aveva subìto la più radicale trasformazione socio-economica dal dopoguerra ed erano cambiati sia i soggetti sociali e politici delle lotte da cui erano nate le Br, sia i presupposti della nostra strategia rivoluzionaria. Prendere atto di queste trasformazioni era una necessità storica che valeva per me, quanto per chi desiderava seriamente interrogarsi sul significato di ciò che era successo.

A quel punto la parola «irriducibile» non connotava nessuna realtà sociale. Era un trucco del linguaggio. A cosa si sarebbe dovuti essere «riducibili»? Secondo il potere, alla dissociazione: nel senso che non si era più irriducibili se si diventava dissociati. Un'assurdità!

E comunque: che restava ancora degli antichi postulati strategici se non un mucchio di scomposte macerie? Che senso poteva avere aggrapparsi a coerenze continuiste? Era già evidente nel 1986 – e lo è ancor più oggi – che nessun compagno delle Br uscito dal carcere potesse pensare di rimettersi a fare quello che faceva quando c'era entrato.

Parlando di ciò che è successo alla cascina Spiotta mi hai spiegato che nel 1975, al momento della morte di tua moglie, credevi ancora che la vostra lotta armata potesse portare a una «vittoria»: «la messa in crisi del regime politico che aveva guidato l'Italia nel dopoguerra», hai detto.
Quando ti sei accorto che anche questo obiettivo era irraggiun-

gibile e che le vostre gesta non potevano ottenere nessun risultato vittorioso?

Poco dopo il sequestro Moro, nei primissimi anni '80. Fu allora che l'esperienza armata cominciò ad essere messa in crisi proprio da quel sistema dei partiti contro il quale ci eravamo battuti. Capii che la nostra lotta non era stata capace di scalfire quel blocco monolitico, anche se diversificato, di potere. E la vicenda Moro è stata il primo segnale forte di questa realtà. L'accordo strettissimo tra Dc e Pci che si realizzò in quel momento diede il segno della capacità del blocco politico di compattarsi contro le pulsioni del sociale.

Le Brigate rosse furono incapaci di far fronte a quella situazione. E cominciò a pesare la contraddizione che le ha portate all'estinzione: da una parte, l'accumulazione degli organici «militari» e, dall'altra, l'incapacità di individuare il punto su cui fare leva per intaccare il sistema politico da colpire.

Quindi, già qualche tempo dopo la vicenda Moro, eri convinto dell'incapacità delle Brigate rosse di evitare la sconfitta: perché non ti sei tirato fuori dalla mischia prima, con una pubblica e decisa presa di distanza?

In realtà ho subito cominciato a scrivere documenti interni in cui spiegavo che, vista l'impostazione ormai data alla lotta armata, questa non aveva più esiti positivi possibili. Figlie del '900, le Brigate rosse non avevano alcuna ragione per sopravvivergli ed ogni tentativo di far leva sulla nostalgia doveva essere abbandonato. Alla lenta agonia, che per altro era cominciata da tempo, andava preferita la morte.

Vorrei però che sia ben chiara una cosa. Io avevo avuto grandi responsabilità nella creazione del fenomeno armato e facevo parte di un'organizzazione che non era una squadra di bocce, dalla quale tirarsi fuori come se niente fosse. Non è che di punto in bianco potevo convincermi di una certa cosa e dire con disinvoltura: «Guardate ragazzi, io adesso la penso in un altro modo e quindi vi saluto e me ne vado». Credo di non dover spendere molte parole per spiegare che da parte mia sarebbe stata una buffonata irresponsabile.

Ancora oggi, nel 1993, non ho fatto una scelta di questo tipo. Ed è proprio per questo che sono rimasto in carcere. Non solo non ho voluto rinnegare il passato, ma neanche evadere dalle mie responsabilità sgusciando fuori da una vicenda che non può essere minimizzata. All'epoca ho provato a proporre una mediazione all'interno delle forze coinvolte nella lotta armata per tentare di modificare una traiettoria drammatica che ormai era diventata inerziale. C'era una macchina in movimento e non bastava mollare il volante per fermarla: avrebbe continuato a correre da sola provocando una serie di disastri. Come, in parte, è avvenuto.

Non si poteva – non si possono – mollare le persone che in questa storia sono state implicate e che sono andate a finire in galera. Io considererò chiuso il mio conto con le Brigate rosse nel momento in cui avrò la gioia di vedere fuori dal carcere e rientrati dall'esilio tutti i compagni coinvolti nell'avventura degli anni '70.

Però, in un'intervista del marzo '92, mi hai detto: «Quello che vorrei far capire di me è che da molti anni ormai guardo al problema delle Brigate rosse da una distanza siderale, con il distacco con cui posso esaminare le vicende dei bengalesi quando mi dedico ai problemi dell'emigrazione».
Non c'è contraddizione tra questo tuo distacco e l'impegno a proseguire la campagna per la «soluzione politica globale»?

La contraddizione non la vedo proprio. Una cosa sono state le Br con le loro azioni e il loro credo rivoluzionario, e altra cosa è il dovere di adoperarsi per concludere la vicenda della nostra sconfitta con un po' di dignità e recuperando alla vita dei compagni che già abbastanza hanno pagato gli errori di analisi di una generazione che ha peccato di dogmatismo, ma è stata anche molto generosa...

Gli «errori di analisi» della vostra generazine hanno fatto anche molti morti.

Quanti morti hanno fatto gli errori, ben più gravi, delle generazioni dei nostri padri e dei nostri nonni?

Non è con un conteggio di questo tipo che si possono fare dei bilanci. Il pregio delle rivoluzioni mancate è quello di non avere il difetto delle rivoluzioni riuscite: in qualche modo tutte le rivoluzioni riuscite hanno tradito le loro promesse, mentre quelle mancate possono tradire solo le analisi che le hanno mosse. Una colpa che, tutto sommato, mi sembra meno grave.

D'altra parte, la generosità con cui una fetta della mia generazione si è gettata nella rischiosa avventura politico-ideologica rappresenta un valore positivo che, a un certo punto, dovrà esserci riconosciuto. Voglio dirlo senza pudori: io oggi ho una grande pietas nei confronti di me stesso e della mia generazione sconfitta...

Che senso ha la tua «pietas»?

Nasce dalla constatazione che a me e alla mia generazione non è stato lasciato nessuno spazio per vivere quell'immaginario che portavamo con noi al momento del nostro ingresso nella società. Non abbiamo potuto vivere nel modo in cui ci sarebbe piaciuto perché la generazione precedente ha brutalmente bloccato il nostro cammino chiedendoci di sacrificare la nostra differenza o morire. Così alcuni sono morti con le armi in pugno, molti con l'eroina nelle vene, la maggioranza è vissuta ammazzando dentro di sé il suo desiderio di mutamento.

In carcere ho ricevuto moltissime lettere di miei coetanei che riflettono su se stessi con infinita amarezza proprio per la presa di coscienza della loro globale sconfitta generazionale, che nessun successo individuale è sufficiente a riscattare.

Quanto alla nostra specifica sconfitta, quella delle Br, si tratta di una sconfitta che, lo ripeto, avevo cominciato a vedere alla fine degli anni '70 e ho riconosciuto pubblicamente nel 1986. Certo, per molti compagni l'idea della fine delle Brigate rosse risultava intollerabile. Per me, invece, procedere per discontinuità non era affatto un'esperienza nuova. Nell'86, infatti, non feci altro che ripetere un tipo di comportamento che avevo già tenuto nel '70: chiudere formalmente, con una chiara decisione, un'esperienza che si trascinava per forza d'inerzia ed era ormai inesorabilmente condannata.

E chi in quel momento non si trovò d'accordo fu costretto dai fatti a ricredersi assai presto.

Come spieghi che tutte le parole e gli appelli per l'«oltrepassamento» degli anni del terrorismo siano caduti nel vuoto?

Inizialmente, sul termine «discontinuità» si aprì una certa discussione. Rossana Rossanda, Mario Tronti, Ludovico Geymonat, Franco Fortini e pochi altri dissero più o meno: «È una categoria forte, può servire per ridefinire la percezione sociale degli eventi».

Sembrava un buon inizio, ma, purtroppo, il dibattito si fermò lì. I professionisti della politica e gli intellettuali si sono tenuti accuratamente alla larga dal problema. Così, a fare opinione sono restati soltanto i grilli parlanti e coloro che Francesco Cossiga ha efficacemente definito le «vedove dell'emergenza».

In Francia e in Germania personaggi come Jean-Paul Sartre e Heinrich Böll hanno fatto sentire la loro voce nel dibattito attorno alla lotta armata. Gli intellettuali italiani invece, a parte l'isolato Leonardo Sciascia, hanno taciuto: una cautela dovuta, forse, alla paura?

Non so se la paura può essere una chiave di lettura adeguata. Personalmente colgo nella loro assenza un moto più sordido e profondo. Qualcosa che non riguarda in modo specifico il loro rapporto con il fenomeno armato degli anni '70, ma viene da modelli più lontani e fa parte di una malformazione congenita della società italiana. Nel nostro paese, in cui è mancata una rivoluzione borghese e non vi è stata neppure una vera rivoluzione industriale, gli intellettuali sono rimasti subordinati al potere del «Principe», cioè ai partiti politici. Hanno mantenuto la vocazione a farsi chierici ed ancelle. Triste eredità di una cultura marchiata dal Machiavelli, veleno sottile che devitalizza alla radice ogni azzardo del pensiero divergente.

Quando, nella Francia dei primi anni '70, il governo mise fuori legge il gruppo della Gauche Prolétarienne, molti intellettuali, Sartre in testa, scesero a distribuire «La Cause du Peuple», il giornale bandito. «Se volete soffocare ogni voce, ogni utopia, che intende esprimere modelli diversi di società, arrestate anche noi», dissero in buona sostanza.

Fu, ne sono certo, una grande lezione e, soprattutto, un intervento provvidenziale per la società francese: perché quell'area di intellettuali rappresentò un cuscinetto di tolleranza, un ammortizzatore sociale, tra le rigidità del potere politico e le tensioni rinnovatrici e sovversive dei movimenti più estremi. Qualcosa che in Italia non è esistito.

Questo mi sembra il punto: né all'inizio degli anni '70, né alla fine degli anni '80, gli intellettuali nostrani hanno saputo intervenire in modo autonomo rispetto al pensiero dei segretari dei partiti. Un grande vuoto che ha provocato danni che nessuno si è preso la briga di valutare.

Sciascia però il coraggio di esprimere un pensiero libero e controcorrente l'ha avuto.

La sua, come hai già detto tu, è una voce quasi isolata. Molti anni fa, se ricordo bene ai tempi del sequestro Sossi, egli fece scandalo dichiarando che occorreva avere l'onestà intellettuale e l'indipendenza politica di riconoscere alle Br una correttezza di fondo nell'interpretazione dei dettati leninisti. Naturalmente, la sinistra per bene, preoccupata di criminalizzarci e insultarci per coprire i propri compromessi, se lo mangiò vivo.

Insomma, Sciascia fu isolato e azzittito. Ed è stato un grave errore perché se allora, al posto degli anatemi forsennati, fosse prevalsa una riflessione più equilibrata e approfondita sulle richieste di mutamento sociale che le Br, a modo loro, interpretavano, forse la sinistra avrebbe avuto miglior destino. Invece, anche per non aver dato ascolto alle parole del lucido scrittore siciliano, ognuno ha tirato dritto per la sua strada. Che, come si è poi visto, era un vicolo cieco.

Vorrei ricordare anche la Rossanda che ha sentito l'urgenza di avvicinarsi ai problemi da noi sollevati. Lo ha fatto a modo suo, venendomi a parlare in carcere una decina di volte e aprendo sul «Manifesto» un dibattito sui nostri appelli. Un tentativo che in pratica è fallito, seppellito nel silenzio. Per quello che lei stessa mi ha detto, mi sembra sia approdata a una pessimistica conclusione che non si discosta molto dal mio giudizio.

Perché questo ostentato silenzio dei nostri intellettuali sull'esperienza eversiva brigatista? Perché questa difficoltà clamorosa di tutta la sinistra ad affrontare una discussione sugli anni '70? La mia risposta l'ho data. Sarebbe interessante conoscere le risposte di Rossanda e dei pochissimi disposti a prestare orecchio alle nostre grida nel deserto.

Eppure gli intellettuali non sono affatto propensi a fare autocritica su tali argomenti. Recentemente Alberto Asor Rosa ha sostenuto che tu, pur avendo ammesso «l'irrimediabilità della sconfitta e l'ulteriore improponibilità della soluzione terroristica», non hai ancora pronunciato un «franco riconoscimento dell'errore politico contenuto ab origine nella strategia brigatista». Ha torto?

Una domanda simile Asor Rosa credo l'abbia rivolta anche ai suoi ex compagni del Pci nel momento in cui si accingevano a cambiare nome e bandiera. E non mi risulta che qualcuno gli abbia dato soddisfazione pronunciando un «franco riconoscimento dell'errore politico contenuto ab origine nella strategia del Partito comunista».

Comunque, la questione posta da Asor Rosa potrebbe

essere il tema di una discussione interessante se si abbandonasse la pretesa di stabilire gerarchie tra le voci. Una discussione impegnativa che sono personalmente interessato ad approfondire nel momento in cui la mia parola sarà a tutti gli effetti svincolata dall'ipoteca carceraria.

Ma pretendere da me soltanto una sconfessione pubblica della «strategia brigatista», più che un'esigenza di limpidezza culturale, mi sembra la richiesta di un pedaggio politico e, in definitiva, ancora una volta di un'abiura.

Nell'estate del '91 il presidente della Repubblica Francesco Cossiga ha annunciato di volerti concedere la grazia come «atto emblematico per chiudere gli anni dell'emergenza e aprire l'era delle riforme». Ma dopo lunghi tira e molla l'iniziativa è saltata. Come hai vissuto quel periodo di battibecchi e polemiche sul tuo destino?

Si è trattato, tra l'altro, di una rude violenza nei miei confronti. Con una lettera al ministro Claudio Martelli – da lui sollecitatami durante una visita a Rebibbia – avevo chiesto di affrontare un problema collettivo riguardante tutti i prigionieri politici e gli esuli. E avevo fatto bene attenzione a non confondere la mia posizione personale con la questione «politica» che sollevavo. Mi è stato invece rilanciato un discorso di grazia. Una grazia che non avevo chiesto a nessuno. Sono stato così oggetto di una discussione del tutto estranea alla mia volontà e ai problemi che avevo posto.

Proponendo la grazia Cossiga ha però riconosciuto la natura politica della vostra lotta armata e in un tuo intervento a un convegno sul carcere hai scritto che concordavi con Oreste Scalzone e Toni Negri sul fatto che «le tanto vituperate parole del presidente Cossiga sono invece una buona cosa».

È vero. Ho letto attentamente il testo integrale delle sue esternazioni sull'argomento e debbo dire che mi sono apparse molto condivisibili. Lui è partito contestando la decisione del tribunale di Cagliari di non concedermi la «continuazione» dei reati per cui sono stato condannato: concessione che avrebbe comportato un accorciamento della pena e la mia scarcerazione.

Non sarebbe provato che quei reati erano stati compiuti «nel quadro di un unico disegno criminoso», aveva sentenziato quel tribunale. Motivazione risibile, ha ribattuto Cossiga, dal momento che venivo indicato come fondatore e capo delle Brigate rosse. Motivazione insostenibile, aggiungo io, visto che ci sono almeno tre compagni del gruppo storico delle Br, con la mia identica posizione giuridica, ai quali la «continuazione» è stata riconosciuta da altri tribunali e che sono ormai liberi da tempo.

La grazia dunque, secondo il Presidente, avrebbe dovuto anzitutto rimediare a una palese trasgressione dei principi di equità. E fin qui si erano spinti sulle colonne dell'«Unità» anche Ugo Pecchioli e Ferdinando Imposimato, ex campioni nella lotta contro le ex Br.

Secondo te, come si spiega questa disparità di trattamento?

L'idea che mi sono fatto è semplice. Quando si parla di me non si parla dell'uomo Curcio, ma del simbolo Curcio. La mia immagine è stata trasformata nel simbolo delle Brigate rosse e del «terrorismo». E così una sentenza giudiziaria che mi riguarda assume un valore simbolico-politico. D'altra parte, si può anche pensare che i magistrati chiamati a giudicarmi non abbiano voluto togliere le castagne dal fuoco ai politici.

Ma torniamo alle esternazioni di Cossiga. Il discorso con cui motivava la sua proposta di grazia è stato importante anche per altri aspetti. Ha posto uno sguardo nuovo sul fenomeno della lotta armata riconoscendogli una valenza sociale e politica. Ha sostenuto che ci avevano criminalizzato perché dovevano sconfiggerci, ma che adesso che sconfitti siamo bisogna tirare le somme: assumere ognuno le proprie responsabilità e giungere a una soluzione politica. È un'analisi che coincide con quello che io vado dicendo da sei anni.

Gli uomini del potere hanno sempre risposto che la lotta armata non è stata un fatto politico, ma criminale. Cossiga, bisogna riconoscerlo, ha invece avuto il coraggio di proporre una lettura più sincera e approfondita, premessa indispensabile per aprire quella discussione seria sugli anni '70 che sinora nessuno, tra i politici e gli intellettuali, ha voluto.

Il ministro Martelli, a cui spettava il compito di controfirmare la proposta di Cossiga, disse che la concessione della grazia non fu possibile perché non avevi manifestato cenni di pentimento.

In effetti Martelli ha inviato a Cossiga una lettera con cui motivava la non approvazione della grazia. In quel documento, dopo aver riconosciuto la mia «maturata distanza intellettuale dagli eventi», osservava che la lettera da me scrittagli il 29 luglio '91 appariva invece «singolarmente reticente, per non dire muta» su un punto a parer suo cruciale: il disconoscimento della «legittimità morale del ricorso a mezzi terroristici nella lotta politica». In sostanza non avevo pronunciato nessuna abiura e questo, per Martelli e compagni, risultava un problema insuperabile.

Personalmente, non riconosco ad alcun potere l'autorità e il diritto di chiedere abiure. E mi stupisco che lo abbia fatto un laico come l'ex ministro Guardasigilli socialista. Oggi, alle soglie del duemila.

Cossiga è poi venuto a trovarti a Rebibbia il 25 novembre '92: mi ha confessato che l'incontro è stato «drammatico, nel senso ellenico del termine» e che sei un uomo per il quale lui nutre «molta stima». Che significato ha avuto quel colloquio e cosa vi siete detti?

Dal mio punto di vista una certa «drammaticità» quell'incontro l'ha avuta, in quanto si è trattato di un faccia a faccia tra due sconfitti. Cossiga si presentava, in un certo senso, come colui che non era riuscito a portare avanti il suo tentativo di compiere un atto concreto che permetta il superamento di una fase della storia sociale italiana. Io gli ero di fronte sconfitto nella qualità di ex leader delle Brigate rosse e di inascoltato predicatore della necessità di affrontare l'assunzione di una responsabilità politica collettiva per la storia degli anni '70.

Abbiamo parlato più di un'ora, da soli, in una delle salette riservate agli interrogatori dei magistrati. Ritengo che Cossiga volesse in qualche modo «spiegarmi» personalmente la brutta vicenda della grazia mancata. Mi ha detto che nell'estate '91 intendeva graziarmi non solo per una questione di «equità» – dopo la sentenza del tribunale di Cagliari a me sfavorevole – ma anche per motivi di «realismo politico»: la grazia sarebbe stata, nelle sue intenzioni, un primo passo concreto in direzione di un provvedimento politico inteso a «chiudere un periodo storico superato» e ad annullare gli ingiusti residui di alcuni effetti della legislazione dell'emergenza. Mi ha anche spiegato che le resistenze al provvedimento di clemenza presenti in certi settori dell'opinione pubblica – in particolare le associazioni dei parenti delle vittime – erano bilanciate dal consenso espresso dai vertici della polizia, dei carabinieri e di buona parte della magistratura. E quindi, ha concluso, se a quell'atto di grazia non si è giunti, ciò è stato dovuto ad «ostacoli frapposti dall'interno dello schieramento politico».

Ho fatto allora presente a Cossiga che non mi era sfuggito lo stop al provvedimento lanciato dal segretario del Pds, Achille Occhetto, in un comizio a Bologna. E lui ha commentato affermando che, effettivamente, per alcuni militanti di quel partito la nostra passata esperienza di lotte ha rappresentato ciò che essi hanno segretamente desiderato e mai apertamente osato.

Avete parlato solo della vicenda della grazia?

Anche delle Brigate rosse e del sequestro Moro. Cossiga ha sottolineato quello che aveva appena dichiarato al settimanale «Panorama», cioè che la dietrologia e il complottismo rappresentano la «fuga dal coraggio di ammettere che le Br erano le Br», senza nessun manovratore occulto. E ha ribadito la sua convinzione che al fenomeno armato di sinistra, proprio per la sua estensione sociale e per il suo modo di operare, non si addice la definizione di «terrorismo», ma più correttamente quella di «sovversivismo di sinistra». In particolare, si è detto convinto che le Br sono state un «soggetto politico». Tutte cose sulle quali, ovviamente, non ho potuto che trovarmi d'accordo.

Poi, a proposito di Moro, in risposta a una mia dichiarazione all'«Espresso» in cui spiegavo di aver avuto l'impressione che negli ultimi giorni del sequestro la volontà degli uomini di governo di salvare la vita dello statista fosse definitivamente caduta, Cossiga ha espresso un parere diverso. Secondo lui i brigatisti responsabili della morte di Moro non avevano capito niente di quanto stava avvenendo dietro le quinte della Dc. «Ho l'impressione che non leggessero nemmeno i giornali», mi ha detto, «se li avessero letti si sarebbero resi conto che proprio il giorno in cui Aldo Moro è stato ucciso doveva tenersi una riunione dei vertici democristiani in cui sarebbe probabilmente prevalso un orientamento favorevole ad una qualche trattativa».

XXIV

I desideri

Curcio, siamo arrivati alla fine di questa nostra chiacchierata. Un bel giorno uscirai definitivamente dal carcere e affronterai un'altra di quelle «discontinuità» che rivendichi come caratteristiche della tua esistenza. Quali saranno i tuoi desideri più urgenti in quella mattina di riacquistata libertà?

Prima di tutto quello di camminare. Camminare a lungo, senza incontrare cancelli e steccati. Non si tratta soltanto di una metafora: desidero proprio partire da nomade per un viaggio senza orizzonti.

Un viaggio che avrà come prima tappa la visita a Margherita. Da quando è morta, non sono potuto andare a trovarla. Sento forte il bisogno di sedermi lì, sulla terra che la copre, e stare un po' in silenzio.

Dopo, non vedo luoghi precisi dove andare. Non sento mio nessun orto. E quindi sarò libero di girovagare per boschi e per valli.

Ma a un certo momento ti fermerai?

Certamente. Camminare sarà il modo di mettere un punto. Di riprendere fiato e ristabilire il contatto con lo spazio e la gente.

Poi voglio trovare un posto dove costruire una casa. Desidero costruirla con le mie mani, di pietra e di legno, dopo tutto il ferro e il cemento che ho abitato nelle carceri.

E in quella casa spero di poter realizzare un altro mio grande desiderio: avere un figlio.

Un desiderio che in questi anni è cresciuto dentro di me

in modo tanto più forte in quanto la sua realizzazione era al di fuori della mia portata.

Sai già con chi lo vuoi fare questo figlio?

Nei diciotto anni sinora passati in carcere ho vissuto dei rapporti affettivi molteplici e diffusi. Ho avuto tante fidanzate di carta che mi hanno tenuto compagnia con le loro lettere amorose. Ma non penso che nello spazio angusto della cella sia possibile costruire con una donna dei rapporti profondi come quelli necessari alla decisione di avere un figlio assieme a lei.

In prigione prevale la fantasticheria che è la morte del vero desiderio. Io sono riuscito a non consentire ai lunghi anni della mia carcerazione di uccidere il mio desiderio. Però un rapporto, per essere vero, deve avere un corpo. E in carcere il corpo non c'è. Oggi non posso collegare al mio desiderio di un figlio un corpo di donna preciso. E non credo che gli affetti epistolari vissuti in reclusione potranno automaticamente prolungarsi in rapporti concreti quando saranno sottoposti alla verifica dell'incontro nella libertà.

So che il giorno in cui uscirò, ogni mio rapporto affettivo dovrà misurarsi in un nuovo contesto. I corpi immaginati subiranno la prova, dall'esito imprevedibile, della trasformazione in corpi reali.

Sarà per me il giorno di una nuova verità. Che potrà finalmente essere feconda e non più soltanto sterile.

Indice dei nomi

Acciari, Sandro, 67
Adler, Alfred, 198
Adorno, Theodor Wiesengrund, 37
Alasia, Walter, 113-5
Alberoni, Francesco, 32, 37
Alquati, Romano, 29 n.
Alunni, Corrado, 131
Amerio, Ettore, 81-3
Andreatta, Nino, 32
Andreotti, Giulio, 111, 139, 172
Antonucci, Giorgio, 200
Asor Rosa, Alberto, 29 n., 215
Astara, Gianfranco, 89
Azzolini, Lauro, 115, 170

Baader, Andreas, 5, 78, 110, 150, 178
Balzarani, Barbara, 208
Barbaro, Guido, 103, 154, 161
Barthes, Roland, 206
Basone, Angelo, 79, 112, 131-2
Basso, Lelio, 35
Battini, Massimo, 175
Baudelaire, Charles, 25
Beck, Julian, 35
Bellavita, Antonio, 61-2
Bellocchio, Pier Giorgio, 33 n.
Bellogi Massimo, 15
Benjamin, Walter, 31, 37
Berio, Duccio, 33, 55, 66-7
Bertolazzi, Pietro, 77-8, 137, 142, 146, 149, 160, 163, 208
Boato, Marco, 28, 36, 155
Böll, Heinrich, 213
Bonavita, Alfredo, 69, 80, 82, 90, 118, 163, 165
Bonisoli, Franco, 115, 170
Braghetti, Anna Laura, 208
Briano, Renato, 193
Brioschi, Carletta, 47
Buscetta, Tommaso, 145

Cagol, Elsa, 41, 123
Cagol, Margherita, 3-4, 6, 9, 16-7, 32, 38-44, 48, 52, 60, 64, 66-71, 74, 77-8, 80, 82, 90, 95, 100, 102-111, 114, 117-125, 129, 140, 142, 221
Calabresi, Luigi, 78, 85-7
Camuffo, Ettore, 87
Camus, Albert, 20
Capanna, Mario, 189
Capuano, Marcello, 208
Cardullo, Luigi, 176-7, 179-80, 183-5
Casaletti, Attilio, 112, 121-2, 129-130
Caselli, Giancarlo, 105
Catalano, Umberto, 91
Cherchi, Grazia, 33 n.
Cirillo, Ciro, 194
Coco, Francesco, 92, 97
Cossiga, Francesco, 216-20
Craxi, Bettino, 67-8, 139
Cucchetti, (colonnello), 133-4
Curcio, Armando, 13, 17
Curcio, Duilio, 13
Curcio, Jolanda, 13, 18-21, 22, 42-44
Curcio, Nina, 13

D' Urso, Giovanni, 186, 190-2
D'Alfonso, Giovanni, 117, 121
Dalla Chiesa, Carlo Alberto, 92, 134, 137, 175
De Martino, Francesco, 33
De Mori, Raffaello, 38-9, 43, 47
De Ponti, Valerio, 69
de Vincenzo, Ciro, 105
di Giovanni, Edoardo, 137, 191-2
Digati, (capitano), 134
Disertori, Beppino, 32, 198
Dozier, James Lee, 140-1
Dutschke, Rudy, 37

Eco, Umberto, 25
Ensslin, Gudrun, 150

Fanfani, Amintore, 158
Fanon, Frantz, 31
Faranda, Adriana, 166-9
Feltrinelli, Giangiacomo, 8-9, 53-62, 73, 78
Ferrari, Maurizio, 9, 69, 80, 82, 90, 118, 162-3
Fofi, Goffredo, 33
Fornari, Franco, 198
Fortini, Franco, 213
Franceschini, Alberto, 6, 9, 48, 52, 57-8, 66, 68-9, 72, 74-5, 77-8, 88 e n., 90, 92-3, 95, 99-103, 105, 111, 114, 118, 140, 150, 153, 155, 160, 162-4, 190
Freud, Sigmund, 198
Fumarola, Pietro, 199

Gadolla, Gianfranco, 91
Gaio, Silvestro, 47
Gallinari, Prospero, 48, 66-7, 171, 180, 208
Gancia, Vallarino, 117-120, 130
Geymonat, Ludovico, 213
Giralucci, Graziano, 93
Girotto, Silvano, 99-102, 171
Guagliardo, Vincenzo, 112, 131
Guevara, Ernesto, detto «Che», 54, 58-9
Guiso, Giannino, 156
Gunther, 61-2

Habbash, George, 143
Hawatmeh, Nayef, 143
Horkheimer, Max, 37

Imposimato, Ferdinando, 217
Infelise, Rosetta, 38

Jannelli, Maurizio, 208
Jung, Carl Gustav, 198

Kerouac, Jack, 25
King, Martin Luther, 197
Koehler, Wolfgang, 29
Koestler, Arthur, 25

Labate, Bruno, 80, 82
Lapassade, Georges, 200
Lenin, Nikolaj, 161
Levati, Enrico, 102
Ligas, Natalia, 194-5
Liggio, Luciano, 148
Lintrami, Arialdo, 69
Lorenz, Peter, 152 e n.
Lukács, György, 37
Lulù, 20

Macchiarini, Idalgo, 69-72
Machiavelli, Niccolò, 96, 214
Maesano, Libero, 189
Mantovani, Nadia, 112, 131-3, 170
Marcuse, Herbert, 31, 37
Maria, 25
Marighela, Carlos, 54 e n., 57
Marini, Antonio, 171
Martelli, Claudio, 216, 218
Marx, Karl, 31, 38
Mazzanti, Manfredo, 193
Mazzola, Giuseppe, 93
Meinhof, Ulrike, 78, 110

Molinaris, Vanni, 37, 66-8
Montanelli, Indro, 134
Moranino, Francesco, 140 e n.
Moretti, Mario, 6, 47, 68-9, 74, 78, 95, 100, 102-3, 108, 111, 117, 143 e n., 158-9, 165, 167, 169, 171, 194, 196, 208
Morlacchi, Pierino, 9, 69, 74, 77, 139
Moro, Aldo, 68, 92, 145-6, 149-152, 154-161, 163-4, 166-173, 175, 178, 190, 210, 219-20
Moro, Eleonora, 172, 175
Morucci, Valerio, 166-9
Mussolini Benito, 4

Negri, Toni, 47 n., 80-1, 189-90, 216
Nicolotti, Luca, 79
Novelli, Luigi, 141

Occhetto, Achille, 219
Ognibene, Roberto, 90, 155, 163, 181-3

Palmieri, Paolo, 31
Panizzari, Giorgio, 183
Pannella, Marco, 192
Panzieri, Raniero, 29 e n.
Paroli, Tonino, 48
Paschetto, Enrichetta, 17
Paschetto, Fernanda, 17
Paschetto, Luciana, 17
Pecchioli, Ugo, 217
Peci, Patrizio, 194
Peci, Roberto, 194
Pellegrini, Ermanno, 4, 9, 66
Pelli, Fabrizio, 107, 112, 131, 140, 150, 153
Petacci, Claretta, 4
Petrelli, Stefano, 199-200, 202
Peush, Heidi, 139
Pezzoli, Walter, 194
Piancone, Cristoforo, 79
Piccoli, Flaminio, 33-34
Pietrostefani, Giorgio, 87
Pinelli, Giuseppe, 85
Pintor, Luigi, 33
Piperno, Franco, 47 n., 150, 158, 166-7
Pisacane, Carlo, 4-5
Pisetta, Marco, 56, 74, 142
Prodi, Romano, 32

Rame, Franca, 155
Raspe, Karl, 150
Reich, Wilhelm, 37
Rieser, Vittorio, 29 e n.
Rocca, Umberto, 121
Rossanda, Rossana, 33, 213, 215
Rostagno, Mauro, 28-31, 33-4, 36-7, 49

Sanguineti, Adolfo, 89
Saragat, Giuseppe, 140 n.
Saronio, Carlo, 80 e n.
Sartre, Jean-Paul, 28, 213-4
Scalzone, Oreste, 47 n. 166-167, 189, 216
Schatzman, Morton, 198
Schiavone, Gentile, 175
Sciascia, Leonardo, 213-4
Sclavi, Marianella, 28, 32, 36
Scricciolo, Loris, 140
Scricciolo, Luigi, 140-1
Secchia, Pietro, 59
Semeria, Giorgio, 74, 112
Senzani, Giovanni, 194-5
Serafini, Roberto, 194
Simioni, Corrado, 48, 65-67, 143
Sogno, Edgardo, 103
Sorbi, Paolo, 29
Sossi, Mario, 89-93, 97, 99, 111, 150-1
Starck, Ronald, 137-8
Sterling, Claire, 140

Tafuri, Sebastiano, 201
Talercio, Giuseppe, 194
Taviani, Paolo Emilio, 91
Triaca, Enrico, 171
Tronti, Mario, 29 e n., 33, 213
Turatello, Francesco, 146-7
Tuscher, Françoise, 66-7

Valentino, Nicola, 197, 199-200, 202
Vallanzasca, Renato, 146
Vesce, Emilio, 189-90
Viel, Augusto, 61
Viola, Guido, 105

Wittgenstein, Ludwig, 31

Zampa, Luigi, 18
Zampa, Renato, 13
Zuffada, Pierluigi, 47, 112, 129-130

(VR) SCIALOJA-CURCIO
A VISO APERTO
1ª Ediz. Frecce
MONDADORI

033814

«A viso aperto»
di Renato Curcio
e Mario Scialoja

Arnoldo Mondadori Editore S.p.A.

Questo volume è stato impresso
nel mese di marzo dell'anno 1993
Stabilimento Nuova Stampa di Mondadori-Cles (TN)

Stampato in Italia - Printed in Italy